W0189531

ro
ro
ro

Zu diesem Buch

Der junge Dichter aus Moskau, ein Dandy, Trinker und Entwurzelter, der in den Worten Maxim Gorkis «ausschließlich für Poesie erschaffen» war, und die siebzehn Jahre ältere amerikanische «femme scandaleuse», die den Tanz revolutionieren und aus seiner Erstarrung befreien will: Sergej Jessenin und Isadora Duncan galten und gelten als exzentrisches Künstlerpaar, dem nur die Lust an der zur Schau gestellten Provokation gemeinsam ist. Carola Stern beleuchtet die Szenen einer kurzen, an Skandalen reichen Ehe. Während Duncan gegen den drohenden Verfall ihres Ruhmes antanzt, rebelliert Jessenin, betäubt sich mit Alkohol und schlägt nicht nur seine Frau.

Die Autorin

Carola Stern arbeitete u. a. als Verlagslektorin in Köln und als Redakteurin beim WDR. Sie ist Ehrenpräsidentin des bundesdeutschen PEN. Zahlreiche Veröffentlichungen, darunter «In den Netzen der Erinnerung» (1986) und «Ich möchte mir Flügel wünschen» (1990). Ihr Buch «Der Text meines Herzens» (1994) über Rahel Varnhagen wurde ein Bestseller.

Carola Stern

Isadora Duncan

und

Sergej Jessenin

Der Dichter und
die Tänzerin

Rowohlt Taschenbuch Verlag

PAARE Herausgegeben von Claudia Schmölders

Einmalige Sonderausgabe Oktober 1998

Veröffentlicht im Rowohlt Taschenbuch
Verlag GmbH, Reinbek bei Hamburg,
Oktober 1998
Copyright © 1996 by
Rowohlt · Berlin Verlag GmbH, Berlin
Alle Rechte vorbehalten
Umschlaggestaltung Notburga Stelzer
Gesamtherstellung Clausen & Bosse, Leck
Printed in Germany
ISBN 3 499 22531 X

Inhalt

Jener Held war ein Aufschneider und Vagant –
Doch von der besten
Und erlesensten Marke

Elegant war er,
Zudem ein Poet,
Nicht sehr stark,
Doch mit festen kundigen Händen,
Und irgendeine Frau
Von vierzig und mehr
Nannte er Liebste
Und schlimmes Mädchen.

Sergej Jessenin, Der Mann in Schwarz

Engel und Teufel

Begegnung in Moskau

Madame läßt auf sich warten; die Gäste werden ungeduldig. Jakulow, der Maler, hat ihnen für den heutigen Abend eine Attraktion versprochen, manch einen damit angelockt, er könne auf diesem Atelierfest die berühmte, unlängst in Moskau eingetroffene Isadora Duncan kennenlernen. Ilja Schneider, ihr Manager, hat Jakulow fest zugesagt, daß er die Tänzerin zu diesem Abend mitbringen werde; sie besuche gerne solche Feste. Und nun kommt sie nicht. Dem Gastgeber ist das peinlich.

Lohnt es sich wirklich, noch zu warten? fragen sich einige Gäste; was gibt's da schon zu sehen?

Eine Weltberühmtheit, behauptet Jakulow. Eine Frau, die vor dem französischen Präsidenten im Élysée-Palast und vor Teddy Roosevelt im Weißen Haus getanzt hat, in den großen Opernhäusern der Welt und vor fünfzehntausend Menschen in Paris!

Vor fünfzehn Jahren! wirft einer spöttisch ein.

Jakulow bleibt unbeirrt. Als ob nicht bekannt sei, daß die Duncan den modernen Solotanz nach klassischer Musik begründet habe, ohne festgelegte Choreographie, ohne genaue Schrittfolgen und in den Bewegungen nur der Intuition des Augenblicks folgend!

Doch scheint es, als hätten die meisten Gäste bald vergessen, daß ein Ehrengast erwartet wird. In dem Atelier mit dem gedämpften Licht und Jakulows neuesten Bühnenbildentwürfen für Moskaus Kammertheater an den Wänden sitzen

9

sie wie so oft in den ersten Jahren nach der Oktoberrevolution auch in dieser Herbstnacht 1921 in kleinen Gruppen heftig debattierend beieinander: Maler und Musiker, Regisseure, Schauspieler und Schriftsteller, die sich als Wortführer der neuen russischen Kunst verstehen und, verliebt in Experimente und in Pläne, Manifeste formulieren und Programme, über Begriffe, Schulen, Richtungen streiten, neue Klangfolgen und neue Farben entwerfen, neue Städte und ein neues Theater und endlos darüber streiten, was das bedeute: revolutionäre Kunst.

Gegen ein Uhr morgens entsteht Bewegung an der Tür, und jemand ruft den Gastgeber herbei: Die Duncan, schnell doch, Jakulow, die Duncan!

Für einen Augenblick stocken die Gespräche, alles blickt auf die Amerikanerin. Eine Tänzerin stellen sich die Gäste schlank vor, mit schmaler Taille und mit feinen Gliedern. Das kann man von dieser hier nicht sagen. Ein roter, von den kräftigen Schultern weichfallender Chiton verdeckt eine wohlgerundete, zur Üppigkeit neigende Gestalt. Das Gesicht wirkt ebenmäßig, feingeschnitten. Das Haar ist kupferrot gefärbt. Schöngeschwungene Augenbrauen begrenzen die breite, klare Stirn. Etwas Freundliches und Warmherziges geht von dieser Isadora Duncan aus. Sie wirkt nicht extravagant, eher einfach und doch damenhaft, gar nicht eingebildet, doch sich ihres Rufes, ihres Ruhmes wohl bewußt und bei alledem sehr feminin.

Bereut sie schon, zu so später Stunde dem Vorschlag des Managers gefolgt zu sein? Die Tänzerin ist müde, abgespannt. Gelangweilt schweifen ihre Blicke über die ihr näher Stehenden hinweg und durch das Atelier. Plötzlich lächelt sie, wirkt wach und neugierig. Irgend etwas oder irgend jemand muß ihre Aufmerksamkeit geweckt haben. Jakulow kann es nicht sein; dessen Begrüßung läßt sie eher gleichgültig über sich ergehen, wendet sich schnell ab und eilt zu einer für sie geräumten Chaiselongue, streckt sich darauf aus und

Isadora Duncan und Sergej Jessenin, 1923

winkt freundlich-gebieterisch einen jungen Mann heran, der sich gehorsam lächelnd zu ihren Füßen niederläßt. Wie er heißt, ist nicht so wichtig, aber wie er aussieht! Verzückt blickt sie ihn an.

Er hält den Kopf leicht gesenkt, so daß das sparsame Licht auf seine vollen blonden Haare fällt. Die hellen blauen Augen erinnern an Vergißmeinnicht. Jetzt sagt er etwas, die Stimme klingt leicht rauh und paßt so gar nicht zu den weichen Zügen des Gesichts. Eben noch erinnerte es an das Antlitz eines Cherubs, doch jetzt verändert sich die Mimik – so sehen Jungen vom Dorfe aus.

Trägt er das feine weiße Seidenhemd mit dem gestickten Kragen? Wie ist er gekleidet? Guckt ihm eines dieser großen Taschentücher aus der Tasche, die ihm die Schwestern extra für die Stadt mit breiten blauen Borten umhäkelt haben? Die Augenzeugen haben nur berichtet, was Isadora Duncan trug und was sie tat, als er da bei ihr saß. Der Schriftsteller Anatoli Marienhof erzählt:

«Sie tauchte die Hand in seine Locken und sagte:

‹Goldener Kopf!›

Es überraschte, daß sie, die keine zwölf russischen Wörter kannte, diese zwei wußte. Dann küßte sie ihn auf die Lippen.

Und wieder formte ihr Mund, der klein und rot war wie die Einschußwunde von einer Pistolenkugel, gebrochene russische Laute:

‹Engel!›

Sie küßte ihn wieder und sagte:

‹Teufel!›»

So ist die Duncan! Gefällt ihr ein Mann, gibt sie unzweideutig zu verstehen, daß sie ihn haben will, nimmt ihn sich, wenn er sich nehmen läßt. Dem legendären russischen Tänzer Waslaw Nijinsky, erzählen sich ihre französischen Freunde, hat sie kurz nach dem Kennenlernen erklärt, sie hätte gern ein Kind von ihm.

Widerstand gegen solch besitzergreifendes Werben ist

zwar schwer, doch möglich. Den berühmten Direktor des Moskauer Künstlertheaters Konstantin Stanislawski hatte die Duncan während eines früheren Aufenthaltes in der Stadt zum Abendessen in ihr Hotelappartement geladen und, vom Champagner angeregt, so mit Liebkosungen traktiert, daß dem «Gott», wie sie ihn nannte, angst und bange wurde und er, um ihre Küsse abzuwehren, fest die Lippen aufeinander preßte. Das tut dieser Junge nicht.

Der in dieser Nacht Auserkorene lächelt geschmeichelt; er wirkt bescheiden, höflich, doch keineswegs gehemmt. Sie spürt, daß er gefallen will; selbstverliebt streicht er sich eine blonde Locke in die Stirn. Ach, diese Frische, dieses Jungenhafte, wie es sie belebt! Eben noch hat er sie lange mit seinen sanften Blumenaugen angeblickt, bewundernd, ja fast ehrerbietig. Jetzt wirft er den Kopf zurück, und etwas Herausforderndes, ein dreister Charme liegt in seinem Blick. Ein betörender Mann.

Und dazu ein Dichter! Längst ist ihr zugeflüstert worden, wer zu ihren Füßen sitzt: Sergej Jessenin. Man sagt, daß er ein zweiter Puschkin sei, vergleicht ihn mit Rimbaud, nennt ihn ein Genie. Trotz seiner Jugend ist Serjosha, wie ihn seine Freunde nennen, in Moskau schon recht populär. Leute, die ihn erkennen, grüßen im Vorübergehen, und selbst der Schuhmacher fühlt sich geehrt, daß der Dichter seine Schuhe bei ihm besohlen läßt.

Sergej streichelt über Isadoras schönen Arm, gibt ihr zu verstehen, daß er sie begehrt; ein Lächeln und ein Augenaufschlag, verheißungsvolle Blicke müssen hier für Worte stehen.

Für Genies im allgemeinen und für Dichter im besonderen hat die Duncan eine Schwäche. Genies hat sie in ihrer Männersammlung, ein Dichter fehlt ihr noch. Ist dieser Sergej Jessenin nicht geradezu dafür geschaffen, ihr jugendlicher Liebhaber zu werden? Aber will er das?

Dem Eitlen schmeichelt, der Auserwählte dieser Nacht zu

sein. Eine so verführerische Frau ist ihm noch nicht begegnet. Dem Ruhmsüchtigen gefällt es, zu Füßen des Gestalt gewordenen Ruhms zu sitzen. Seit Monaten, seit er von ihrer Ankunft weiß, sucht er die Bekanntschaft der berühmten Frau. Einmal, im Moskauer Sommertheater, hatte ihn Jakulow gefragt, ob er die Duncan kennenlernen wolle. Da war er erregt aufgesprungen, hatte den Freund am Arm gepackt: «Wo ist sie? Führ mich zu ihr hin!» Dann waren die beiden durch das ganze Areal gelaufen, wo der Maler sie gesehen zu haben schwor, hatten überall gesucht, doch die Begehrte nicht gefunden. Enttäuscht und wütend war Serjosha weggegangen.

Worauf ist Jessenin aus? Vorerst treibt ihn das Gefallen an einer einzigen, in seinem Kopf zum Bild gewordenen Idee: Bleibt stehen! Blickt euch um! Kommt näher und seht her! Die berühmte Tänzerin und der berühmte Dichter – Arm in Arm!

Gegen vier Uhr morgens verabschiedet sich das Paar und fährt zu Isadoras Haus. So beginnt das Liebesdrama.

«Meine Religion ist
der Tanz»

Isadoras Träume

Am 1. Juli 1921 waren die drei Frauen von Paris nach London aufgebrochen: Isadora, die berühmte Tänzerin, Irma, eine von ihr adoptierte Lieblingsschülerin aus Deutschland sowie die Französin Jeanne, Mädchen für alles und seit fünfzehn Jahren unentbehrlich. Knapp zwei Wochen später verließen sie an Bord der «S. S. Baltanic» Westeuropa, um über Reval nach Moskau zu reisen.

Freunde hatten die Tänzerin gewarnt: Seien Sie vernünftig, Isadora! Geben Sie diesen aberwitzigen Plan auf, ausgerechnet jetzt in Rußland leben zu wollen! Alle, die die Duncan schon seit längerem kannten, fürchteten, die Freundin, ohne Sinn für Realitäten, stürze sich schon wieder unbedacht in eines jener Abenteuer, die, wie ein längerer Aufenthalt in Griechenland mit Mutter und Geschwistern, schließlich mit erheblichen finanziellen Verlusten abgebrochen worden waren.

Um Gottes willen, Madame! Sie wollen freiwillig zu den Barbaren? Bekannte, die wußten, was in Rußland vor sich ging, versuchten Isadora Duncan die Augen zu öffnen. Sie berichteten von Dürre und Hungersnot, von zu Skeletten Abgemagerten, die sich von Baumrinde, Kuhmist, Mäusen und Gras ernährten, und beriefen sich auf den norwegischen Philanthropen Fridtjof Nansen, der das Land bereist und entsetzt über Kannibalismus dort berichtet habe.

Die Abenteurerin blieb unbeirrt. Entweder glaubte sie die

Schreckensmeldungen nicht, oder sie meinte, daß sie, die auf Wunsch der sowjetischen Regierung nach Moskau reiste, den Hunger nicht zu fürchten habe. Gewiß war ihr bewußt, wieviel den vom Ausland isolierten Bolschewiki daran lag, prominente Künstler und Intellektuelle aus dem Westen ins neue Rußland einzuladen. Mut hatte sie, das muß man Isadora Duncan lassen. Sie war zu Hause in New York und in Berlin, in Frankreich wie in Großbritannien, hatte in Buenos Aires, Budapest, Bayreuth – ja, wo denn nicht? – gastiert, machte Ferien in Ägypten, um der Kälte zu entgehen, oder auf einer Luxusyacht im Mittelmeer, erholte sich von einer anstrengenden Tournee am Lido von Venedig, auf Kuba oder in Florida. Was um alles in der Welt trieb diese Frau, ein solches Leben aufzugeben und sich ins kommunistische Rußland aufzumachen? Exzentrik oder Abenteuerlust allein konnten es nicht sein.

Sie kannte das Land von mehreren Gastspielen während der Zarenzeit. War es ihr damals ähnlich gegangen wie dem jungen Dichter Rilke, der im gleichen Jahr, als Isadora Duncan mit ihrer Familie nach Europa kam, 1899, zum erstenmal nach Rußland reiste und dort die «Heimat seiner Seele» fand, «ein Erdreich, in dem ich Wurzeln schlagen kann»? «Alles Menschliche ist nah und wach, und so fühlt man sich unbeschreiblich zu Hause in der Güte dieser Menschen.» Auf der Suche nach einer Zuflucht vor der menschenverschleißenden großstädtischen Zivilisation glaubte Rilke, im einfachen Dasein der russischen Bauern «die richtigen Taktmaße» auch für das eigene Leben zu finden, eine «an Gott grenzende» menschenwürdige Welt, in der der Gegensatz zwischen dem freien Ich und dem durch Gemeinschaften gebundenen Wir, zwischen Kunst und Leben aufgehoben sei.

In den Erinnerungen der Duncan an ihre früheren Rußlandreisen fehlt solch schwärmerischer Ton, zumal man ihre Art des Tanzes in den Hochburgen des klassischen Balletts,

Isadora Duncan, London 1899,
der letzte Auftritt der Duncan
in Ballettschuhen

St. Petersburg und Moskau, zwiespältig aufgenommen hatte. Mit nüchternem Blick kommt man ihren Motiven vielleicht eher auf die Spur.

Zu Beginn des Jahrhunderts hatte die junge Amerikanerin Europa wie im Sturm erobert. In Ungarn beispielsweise stand an jedem ihrer Auftrittsorte ein mit weißen Blumen geschmückter, von Schimmeln gezogener Galawagen bereit; die ganz in Weiß gekleidete, von der Bevölkerung jubelnd gefeierte schöne Tänzerin fuhr einer Göttin gleich durch die Städte. Jetzt saßen längst Jüngere in weißgeschmückten Galawagen. Mit dem Ruhm der Isadora Duncan ging es bergab.

Sie habe das nicht wahrhaben wollen, behauptet Sergejs Freund, der Schriftsteller Marienhof. Die Ruhmsüchtige sei nur deshalb in den Sowjetstaat gekommen, weil sie, gewöhnlicher Theaterräume überdrüssig, es darauf abgesehen habe, in Kathedralen zu tanzen, im berühmten Christi-Erlöser-Tempel aufzutreten. Das sei ihr auch versprochen worden. «Sie wollte keinen Kulissenstaub, sondern süßen Weihrauch atmen» und eine pseudoreligiöse Tanzgemeinde um sich scharen.

Aber wenn Marienhof sich über Isadora äußert, spricht meist die Eifersucht ein Wörtchen mit; zuweilen ist er ungerecht.

Die Tänzerin jedenfalls nennt ganz andere Motive: Sie habe genug von der kommerziell bestimmten Kunst, ließ sie Anatoli Lunatscharski, den Volkskommissar für das Bildungswesen und die Künste, wissen: «Es ist traurig, daß ich meine Arbeit nie den Menschen geben konnte, für die sie geschaffen war. Statt dessen war ich gezwungen, meine Kunst für fünf Dollar pro Sitzplatz zu verkaufen ... Ich möchte für die Massen tanzen, für die arbeitenden Menschen, die meine Kunst brauchen und nie das Geld hatten, mich zu sehen, und für sie will ich umsonst tanzen.»

Auch wenn soviel Altruismus mißtrauisch werden läßt, so ist doch Isadoras Vorstellung verständlich, daß es für sie, die

Begründerin des modernen Tanzes, eine besondere Aufgabe in einem Lande geben müsse, in dem nicht nur Politik und Wirtschaft revolutionär verändert wurden, sondern, wie sie meinte, auch die Kunst.

Im kaiserlichen Rußland hatte das klassische Ballett seine Vollendung erreicht. Die Amerikanerin hoffte, den Tanz in genau diesem Land aus seinen aristokratischen, lebensfremden Formen zu befreien, aus seiner Erstarrung zu lösen. Sie wollte eine zeitgemäße Tanzkunst zeigen und unterrichten, ihren «Tanz der Zukunft», der die Ketten der Förmlichkeit abgestreift hatte, auf Ballettschule und Theaterbühne verzichten konnte und an die Plätze des öffentlichen Lebens ging. Isadora Duncan war davon überzeugt, mit ihren vierundvierzig Jahren eine neue große Aufgabe gefunden zu haben, die Erfüllung ihres künstlerischen Lebenstraums.

«Kommen Sie zu uns!» hatte man ihr telegrafiert, «wir richten eine Tanzschule mit tausend Kindern für Sie ein!» Eine Tanzschule! «Ich sah im Geiste eine ungeheure Schar harmonisch bewegter Gestalten, die nach den grandiosen Klängen der Neunten Symphonie von Beethoven tanzten. Tag und Nacht war ich von diesem Phantasiegebilde erfüllt. Auf meinen Ruf sollten Myriaden leicht beschwingter Wesen vom Himmel herabsteigen und sich unter meinem Zepter vereinigen.»

Was hatte Isadora Duncan bisher schon alles unternommen, um eigene Schulen nicht nur zu gründen, sondern auch am Leben zu erhalten. Reiche Amerikaner und russische Großfürsten, einflußreiche, den Regierungen nahestehende Deutsche und Franzosen darum gebeten, die notwendigen Gelder aufzubringen. Alle hatten sie im Stich gelassen. Versuche in Berlin und in Paris, in der Schweiz und Griechenland, solche Unternehmen mit privaten Geldern dauerhaft zu etablieren, waren mehr oder weniger fehlgeschlagen; Isadora hatte viel Geld dabei verloren. Und nun sollte sie endlich die erhoffte Unterstützung für eine Tanzschule und vielleicht später sogar für ein eigenes Theater mit einem eigenen Orchester erhalten. Irgendwelche vertraglichen Vereinbarungen waren nicht getroffen worden. Solche konventionellen Absicherungen hielt Isadora im vom Geld bestimmten Westen, aber doch nicht hier vonnöten. Sie vertraute ihren neuen Mäzenen.

Das Wichtigste war zunächst, eine Tanzschule für etwa fünf- bis sechsjährige Kinder einzurichten. Nicht nur, weil sie kleine Kinder liebte, sondern auch, weil Tanz für sie die Verbindung von Mensch und Natur bedeutete, von Schönheit und Bewegung, auch Harmonie von Geist und Körper, und es ihr deshalb nötig schien, die künftige Tänzerin von Kind auf in ihrem, dem Duncanschen Sinne, zu erziehen. Die Tänzer*in* wohlgemerkt – der Tänzer spielte in ihren Vorstellungen keine Rolle. Mädchen, junge Russinnen, sollten fortführen, was die Amerikanerin begonnen hatte, Schule machen, der modernen Tanzkunst und der damit verbundenen Lebensauffassung überall Anerkennung und eine eigene Tradition verschaffen.

Waren sich die Kommunisten eigentlich darüber klar, daß sie nicht nur eine Tänzerin, sondern auch eine Missionarin eingeladen hatten? Und wenn ja, glaubten sie, daß die missionarischen Vorstellungen von Gast und Gastgebern vereinbar waren? Isadora war sich dessen sicher.

Aber auf den Schiffen, die in umgekehrter Richtung, von Ost nach West, die Route der «Baltanic» fuhren, verließen noch immer Flüchtlinge den Sowjetstaat, jetzt, vier Jahre nach der Revolution, auch solche, die sie zunächst begrüßt hatten. Ein paar Monate zuvor, im Februar und März 1921, hatten sich die roten Matrosen von Kronstadt, Trotzkis «Pracht und Stolz der Russischen Revolution», gegen den Sowjetstaat erhoben, «weil das Leben unter dem Joch der kommunistischen Diktatur schrecklicher ist als der Tod». Sie protestierten gegen überall im Land gekürzte Brotrationen und ausgebliebene Mitbestimmung für jene Arbeiter und

«Alle Macht den Sowjets, keine der Partei!» Mit diesem Protestruf tra-
ten die roten Matrosen von Kronstadt im Februar/März 1921 in den
Aufstand. Die Besatzung des Schiffes «Petropawlowsk» forderte Rede-
und Pressefreiheit, freie Gewerkschaften und die Freilassung der politischen Gefangenen.

John Reed vor dem Propagandazug «Oktoberrevolution», der von den Bolschewiki mit Schauspielern und Rednern durch die Sowjetunion geschickt wurde, um die Bevölkerung mit Flugblättern, Transparenten und Theaterstücken zu agitieren.

Soldaten, die, wie sie selbst, 1917 entscheidend zum Sieg der Bolschewiki beigetragen hatten. Doch Lenin ließ den Aufstand blutig niederschlagen. Der Terror richtete sich nicht mehr allein gegen wirkliche und vermeintliche Gegner, auch einstige Kampfgefährten fielen ihm nun zum Opfer.

Es ist unbekannt, ob Isadora Duncan den Kronstädter Aufstand überhaupt zur Kenntnis genommen hatte. Als sie sich in das Rußland-Abenteuer stürzte, war ihr daran gelegen, nach Übereinstimmung mit ihren neuen Mäzenen zu suchen.

Von Marx und Lenin hatte sie nichts gelesen, aber sicherlich war auch ihr der dramatische Bericht des Amerikaners John Reed bekannt, der unter dem Titel *Ten Days That Shook the World* («Zehn Tage, die die Welt erschütterten») 1919 in den USA und bald darauf auch in Europa erschienen war. Der Reporter Reed hatte darin die Ereignisse in der Nacht zum 26. Oktober 1917 beschrieben: Bewaffnete Rote Garden und revolutionäre Matrosen erstürmten das Winterpalais in Petrograd, den Sitz der nach dem Sturz des Zaren im vergangenen Februar eingesetzten Provisorischen Regierung, nahmen ihre Minister gefangen und besetzten alle strategisch wichtigen Punkte in der Stadt. Mit diesem Staatsstreich gelangten die von Wladimir Iljitsch Lenin geführten Bolschewiki an die Macht.

Gleich danach hatten sie den sofortigen Frieden mit Deutschland und damit den Austritt aus dem Weltkrieg proklamiert, die entschädigungslose Enteignung der Großgrundbesitzer eingeleitet und unter Lenins Vorsitz einen Rat der Volkskommissare gegründet. Im März 1918 wurde Moskau neuer Regierungssitz.

Den blutigen Bürgerkrieg der «Weißen», von Soldaten und Offizieren des gestürzten Zaren sowie Mitgliedern einer Kosakenarmee, die, unterstützt von England, Frankreich und den USA, gegen die neuen Herren im Kreml zu Felde zogen, konnte die Rote Armee unter Führung Leo Trotzkis 1920 schließlich für sich entscheiden.

Ein Jahrhundertereignis hatte stattgefunden, und Isadora, die ihren Landsmann, den Dichter Walt Whitman, sehr verehrte, übertrug dessen amerikanische Visionen auf den neuen Sowjetstaat:

Nun aber breiten sich eilends aus
Elemente, Rassen, Einrichtungen ungestüm, rasch und
    kühn,
Eine Frühwelt wiederum, immer neue und weitere
    Ausblicke der Herrlichkeit,
Ein neues Geschlecht, alle vorigen übertreffend und
    vielmals größer als sie, mit neuen Kämpfen,
Neuer Staatskunst, neuen Literaturen und Religionen,
    neuen Erfindungen, Künsten.

Dies verkündet meine Stimme – ich schlafe nicht mehr,
    ich stehe auf,
Ihr Ozeane, die in mir ruhten! Wie ich euch fühle,
    bodenlos, schwellend, noch nie gesehene Wogen und
    Stürme brauend!

Schon als Kind hatte Isadora mit ihrer Mutter und den drei Geschwistern in einer Welt antibürgerlichen Protests gelebt, in der man jenen Bohèmiens und Geistern huldigte, die um die Jahrhundertwende das Ende des bürgerlichen Zeitalters mit seinen Vorurteilen, Konventionen und verlogenen Moralvorstellungen prophezeiten und sich nach einem anderen, besseren sehnten.

Auf der Suche nach dem wahren Leben waren die Duncans ausgezogen, die griechischen Götter anzubeten, in die Welt von Zeus, Apollo und der Aphrodite einzukehren und die verlorenen Schätze der Antike in die Gegenwart zu holen. Man sah sie, gekleidet in altgriechische Gewänder, mit Stirnbändern, nackten Beinen und Sandalen – Anhänger

einer Lebensreformbewegung, für die das antike Schönheitsideal als Maßstab galt.

Mit den in Europa ertanzten Gagen der Tochter finanzierte
die Familie ihren einjährigen Griechenland-Aufenthalt,
baute an einem eigenen Tempel – bis Isadora eines Morgens
«sinnend vor dem Parthenon» zu der Erkenntnis kam, «daß
wir nichts anderes sein konnten als moderne Menschen». Den
Weg aus dem zwanzigsten Jahrhundert zurück ins antike Leben gab es nicht.

Der Suchenden muß es wie eine Schicksalsfügung vorge-
kommen sein, nun in den Bolschewiki jene neue große Kraft
entdeckt zu haben, die, wie sie meinte, das bürgerliche Zeitalter endgültig überwand und im Unterschied zu dem Antiken-
kult eine moderne Alternative bot.

Es erfüllte Isadora mit Genugtuung und Sympathie, daß im
neuen Rußland «das Weibliche gleichen Ranges mit dem
Männlichen» sein sollte, wie es Walt Whitman als amerikanischen Traum besungen hatte: «Ich nenne es ebenso groß, ein
Weib zu sein, wie ein Mann.»

Dazu trug sie selbst durch ihre Tanzkunst wie durch ihre
Art zu leben bei. Im klassischen Ballett bestimmten männ-
liche Choreographen und Ballettmeister Technik und Tänze
der Ballerinen. Isadora und ihre Schülerinnen choreogra-
phierten ihre Tänze selbst, formten dabei ihre eigene Persönlichkeit und stellten sie auf der Bühne dar.

Und wie glücklich war die Amerikanerin, daß es bei den
Bolschewiki offenbar auch nicht mehr jene Prüderie und jenen Puritanismus gab, die immer noch in ihrer Heimat
herrschten. Die Welt neu zu ordnen hieß für Isadora nicht
zuletzt, daß die Frau über ihren Körper selbst bestimmen
konnte! Ausgestattet mit dem Recht auf diese Freiheit, sollte
jede Frau über ihr Liebesleben nach eigener Lust, nach eige-
nem Gutdünken entscheiden, Kinder gebären, wenn sie es
wollte, und diese zur Erziehung dem Staate anvertrauen.

Unter dem Eindruck der Scheidung ihrer Eltern und des

Mary Isadora («Dora») Duncan
mit ihren vier Kindern –
Isadora kniet.

schweren Schicksals ihrer Mutter, die sich in San Francisco als Klavierlehrerin durchschlagen und damit zwei Söhne und zwei Töchter ernähren mußte, hatte schon die Zwölfjährige beschlossen, ihr «ganzes Leben im Kampfe gegen die Ehe», diese «versklavende Einrichtung» zu verbringen. Die Abschaffung der kirchlichen Ehe sowie des Standesamtes durch den Sowjetstaat fand ihre ungeteilte Zustimmung.

Doch in ihrem Enthusiasmus übersah die Duncan einen entscheidenden Unterschied: Sie und ihre Familie fühlten sich jener um die Jahrhundertwende hauptsächlich in Westeuropa entstandenen antibürgerlichen Avantgarde, jener Moderne zugehörig, der es in ihrer Verachtung für die Welt der Konventionen darum gegangen war, alle die Persönlichkeit einschränkenden Regeln aufzuheben und sich selbst zu finden. Das Ich stand im Mittelpunkt, frei von allen Fesseln, von Schuld und Scham, aus sich selbst seine eigenen Gesetze, seine Form und sein Selbst-Bewußtsein gestaltend. Nicht um die Aufhebung der krassen sozialen Ungleichheit war es gegangen, nicht um das Wohlergehen aller und schon gar nicht um eine Revolutionierung der Gesellschaft, um die Unterdrückten zu befreien. Das Ich und nicht das Wir, der Einzelne und nicht das Kollektiv bestimmte den Aufstand der Moderne. Doch Isadora war nicht die einzige, die solche Unterschiede übersah.

In Nord- und Südamerika, in ganz Europa gab es Menschen, besonders Künstler, Intellektuelle, die zwar keine Kommunisten waren, aber hoffnungsvoll nach Osten blickten. Aus dem Weltkrieg waren sie als Pazifisten heimgekehrt. «Nie wieder Krieg!» hieß die Parole. Sie verabscheuten die krassen Unterschiede zwischen Arm und Reich, das Elend, die Ungerechtigkeit und Unterdrückung. Sie bewunderten die russischen Kommunisten, weil ihnen der Sieg über den Zarismus, «den Hort der Reaktion» gelungen war. Sie versprachen sich von dieser Revolution einen Fortschritt für die ganze Menschheit, einen Aufbruch und eine uner-

meßliche Vielfalt für eine nicht mehr vom Kommerz bestimmte Wissenschaft und Kunst. Sie wünschten sehnlichst,
daß das große Experiment gelingen möge, eine neue Welt zu
schaffen und einen neuen Menschen zu erziehen. Fernand
Léger wird davon träumen, in einem Moskauer Theater Büh-
nenbilder und Kostüme zu entwerfen. Picasso wird Ilja Ehrenburg umarmen: «Weißt du, ich gehöre nach drüben!»
Auch der große alte Shaw, Upton Sinclair und Romain Rol-
land, Henri Barbusse und Sinclair Lewis sympathisieren mit
dem Sowjetstaat. «Die Weltrevolution ist eine Tatsache»,
wird selbst der so bürgerliche Thomas Mann in den zwanziger Jahren sagen. «Sie leugnen, hieße das Leben und die Entwicklung leugnen; sich konservativ gegen sie zu verstecken,
hieße sich selbst ausschließen vom Leben und der Entwicklung.» Isadora Duncan ist nur eine der ersten, die in den
zwanziger und dreißiger Jahren nach Moskau wie nach
Mekka ziehen. Der neue Mensch in einer neuen Welt! Wie
stellt ihn sich die Duncan vor? Brüderlich und uneigennüt-
zig, gerecht und großzügig wird er sein; alles, was ihn beengt,
das wird er von sich werfen, darunter Schnürkorsetts, ge-
stärkte Hemdbrüste und steife Kragen, ungesunde Ernäh-
rung, die Sinneslust beschränkende Tabus...

Um sich von diesen Zwängen zu befreien, wird er die
Tanzkunst nicht entbehren können, denn «der höchste
Geist», so formuliert Isadora, kann nur im «freiesten Körper»
leben. Sie, die ihre Kunst am Anfang der Karriere in Salons
der amerikanischen Hochfinanz, der vornehmen Londoner
Gesellschaft und der französischen Aristokratie verkaufen
mußte, will nun zu den russischen Arbeitern und Bauern gehen, sie Körpersinn, Körperempfinden lehren, die höchste
Form des Lebens, nämlich Gedanken und Gefühle durch
körperliche Bewegung auszudrücken. Sie will Antike und
Kommunismus, das ganz Alte und das ganz Neue vereinen.
Die leninistische Diktatur nimmt in ihrer Traumwelt para-
diesische Züge an.

Am 19. Juli läuft die «Baltanic» in den Hafen von Reval, der Hauptstadt Estlands, ein. Zu Isadoras Begrüßung hat die Moskauer Regierung Frau Litwinow entsandt; ihr Mann ist der stellvertretende Volkskommissar für Äußere Angelegenheiten. Aber auch ihr gelingt es nicht, für die Damen mit dem umfangreichen Gepäck, den vielen Koffern, Kisten, Kästen sowie Taschen, angefüllt mit Lebensmitteln, ein komfortables Zugabteil belegen zu lassen. Auf den Holzbänken der Zweiten Klasse sitzt ihnen in der abgestandenen Luft ein junger Mann aus Moskau gegenüber, der sich als Kurier vorstellt, ein hilfreicher Begleiter, wie sich erweisen wird.

Endlich, gegen Mitternacht des Ankunftstages, beginnt, häufig unterbrochen von Lokomotivschäden sowie anderen, nicht ergründbaren langen Wartezeiten die nervenzermürbende Weiterreise mit der Eisenbahn. An der estnisch-russischen Grenze brauchen Rotarmisten einen ganzen Tag, um die Reisenden zu kontrollieren. Die Duncan holt ihr mitgebrachtes Grammophon aus dem Gepäck, legt eine Platte auf und gibt auf dem Bahnsteig Narwas ihre erste Vorstellung im Sowjetland. Man muß die Feste feiern, wie sie fallen. Das Publikum erhält eine Gratisvorstellung von Isadoras Kunst, und für die Kinderchen werden Kekse, Weißbrot und Bonbons aus dem Reiseproviant verteilt.

Zwischenstopp in Petrograd und Übernachtung im alten «Angleterre», das einige Monate später für Isadora ein Ort des Glücks, der Leidenschaft sein wird. Doch am Ende ihres Lebens wird sie sich an dieses «Angleterre» in Petrograd nur mit Schmerz erinnern.

Durchgeschüttelt, übermüdet, schwer erschöpft erreichen die drei Frauen in den frühen Morgenstunden des 24. Juli 1921 endlich ihr Reiseziel. Gewöhnt an ‹große Bahnhöfe›, an Empfangskomitees, die «Welche Ehre! Welches Glück!» bekunden und kleine Mädchen mit Blumenbouquets in Richtung der berühmten Dame schieben, gewöhnt an Limousinen, die auf dem Vorplatz warten, um sie samt

Gefolge ins Hotel zu bringen, blickt sich Isadora irritiert, jedoch vergeblich nach irgendeinem Menschen um, der sie erwarten könnte. Schließlich erbarmt sich der Kurier und nimmt die Frauen im Morgengrauen erst einmal in ein Büro des Außenministeriums mit.

Es dauert auch noch eine Weile, bis sie ein weiteres Behelfsquartier verlassen können und ihnen die Villa einer nach der Revolution geflüchteten Primaballerina des Moskauer Balletts als Bleibe und als Schulort zugewiesen wird. Jetzt fühlt Isadora Duncan sich zu Hause und holt aus dem Koffer ihr in einem teuren Pariser Modeatelier entworfenes Kostüm «à la bolshévique» hervor. Die weiße Toga, die Sandalen, bestimmend für die Griechenland-Periode, liegen eingemottet in Paris. Die Tänzerin schreitet nun, der neuen Zeit gemäß, im langen Wams daher, mit Stiefeln und einem roten Turban auf dem Kopf.

Das neue Leben könnte stimmungsvoll beginnen, wenn sich Jeanne, die Zofe, nicht beharrlich weigern würde, die Gnädigste fortan mit Genossin anzureden und mit ihr am gleichen Tisch zu speisen.

«Ich bin nur ein Stromer»

Serjoshas Welt

Ist es vorstellbar, daß der sanfte Junge auf dem Diwan der Duncan ein ungezähmter Randalierer ist, einer, der, wie später Leo Trotzki äußert, geprägt durch den vorrevolutionären Geist des Aufruhrs in der Bauernjugend, «auf den Weg des Rowdytums und Übermuts gestoßen wurde», ein Entwurzelter, der, vom Dorfe kommend, in der Stadt den Halt verlor?

Sergej Jessenin, der Bauernsohn aus dem Bezirk Rjasan, war im Frühjahr 1918 von Petrograd nach Moskau umgezogen, und zwar zu jener Zeit, da sich die Weißen sammelten, um vom Süden, vom Norden und auch von Sibirien her die Bolschewiki aus den Dörfern und den Städten, vor allem aber aus dem Kreml zu vertreiben. Die Bolschewiki riefen den Kriegskommunismus aus. Doch die jungen Künstler, denen sich Sergej in Moskau angeschlossen hatte, schien das militärische und politische Geschehen wenig zu kümmern. Sie waren eher Anarchisten als Kommunisten. Imaginisten wollten sie sein. Bürgern und Bolschewiki sagte das nichts.

Zu jener Zeit konnte es geschehen, daß Passanten einer Gruppe junger Burschen begegneten, die wie fremdartige Paradiesvögel auf sie wirken mußten: ausstaffiert mit Zylindern und bonbonfarbenen Krawatten, einem Schal, der fast bis zur Erde reichte, oder mit einem großkarierten gewendeten Jackett und Matrosenmützen, wie sie feingemachte Jungens vor der Revolution getragen hatten. Der mit dem Schal und dem Zylinder, den die anderen Serjosha riefen, schlurfte mehr, als daß er lief; seine schwarzen Lackschuhe waren ihm viel zu groß.

Sergej Jessenin mit seinem Freund
Anatoli Marienhof

In einer Toreinfahrt, einem Treffpunkt der Prostituierten, Schieber und Säufer, stoppte der kostümierte Trupp. Die beiden Zylinderträger warfen sich in Positur, deklamierten Gedichte, eigene Werke, wie sie laut verkündeten, ließen sich von Beifall klatschenden kleinen Banditen als Genies der Dichtkunst feiern, und trotteten, eingehakt bei Dirnen, johlend weiter.

Die zuschauenden Passanten erkannten in ihnen jene im Viertel schon bekannten Rowdies wieder, die kürzlich Straßenschilder abmontiert und durch selbstgefertigte mit ihren Namen ersetzt hatten. Diese Menschen, denen nichts mehr heilig war, hatten es letztes Frühjahr sogar gewagt, die Mauern des Passionsklosters mit selbstverfaßten Versen zu beschmieren.

Treuer Hund, liegst längst schon unterm Grase.
Unbewohnt, verhutzelt – du mein Haus.
Also hier, in Moskau, auf der Straße,
hauch ich, so wills Gott, die Seele aus.

Ja, ich lieb sie, diese Stadt: verquollen
und versumpft, nun ja, und matt.
Asien, du schläfrig und du golden,
fandst die Kuppeln, fandst die Ruhestatt.

Und ich geh, geh nächtens, unterm Monde,
geh im Mondschein, geh im Teufelsschein,
torkle durch die Gasse, die gewohnte,
und in meiner Kneipe kehr ich ein.

Laut gehts zu und bang in meiner Kneipe,
aber nachtlang, bis es Morgen wird,
rezitier ich Dirnen, was ich schreibe,
und mit Gaunern gönne ich mir Sprit.

Bald nach seiner Ankunft in Moskau hatte Sergej Jessenin seinen Kumpanen im großkarierten Jackett getroffen, den Dichter Anatoli Marienhof, der sein bester Freund und später sein unvergleichlicher Chronist werden sollte. Bald sind die beiden unzertrennlich, hungern und frieren gemeinsam, teilen Zeiten des Wohlergehens und der Armut. Zu keinem anderen Menschen verhält sich Sergej so gleichbleibend freundlich, ja fast liebevoll, wie zu Tolja, seinem Freund.

In der Kudrinskaja und der Powarskaja stehen die Menschen Stunden nach zwei Pfund Holz und einer Streichholzschachtel, nach Pferdefleisch und Stockfisch an. Der private Handel ist enteignet, der staatliche klappt nicht. Die Freunde vermengen kaltes Mehlwasser mit etwas Zucker; das Zeug liegt wie ein Stein im Magen. Doch dann gewinnt Serjosha, der Kneipengänger, nächtelang beim Kartenspiel und tauscht das so erworbene Vermögen auf dem Schwarzmarkt in Speck und Weißbrot ein. Dienstag gibt es bei den Dichtern nur gefrorene Kartoffeln, aber Donnerstag werden sie ein Honorar verprassen, Punschtörtchen schlecken und richtigen Bohnenkaffee trinken; illegal besorgt, versteht sich.

Glück und Unglück bei der Wohnungssuche, auch die Behausungen der beiden wechseln rasch. Aus winzigen möblierten Zimmern bei den Patriarchenteichen ziehen sie in eine komfortable Wohnung, wo eine gute Seele mit gestärkter Spitzenschürze ihnen schnurgerade Bügelfalten in die Hosen drückt.

Im Frühjahr 1919, obdachlos, verlassen von allen guten Seelen und Geistern, müssen Tolja und Serjosha sich des Nachts in Abstellkammern betten, auf Kaffeehaussofas und Parkbänken kampieren. Als sie sich im Winter wieder eines eigenen geräumigen Domizils erfreuen, zwingt sie die Kälte, ins Badezimmer umzuziehen, den Ofen dort mit Büchern anzuheizen und sich in die Wanne zu verkriechen. Hauptsache, die Zylinder werden nicht naß.

«... wir schrieben an einem Schreibtisch; die Dampfheizung war kaputt – wir schliefen unter einer Decke», erinnert sich Marienhof. «Vier Jahre hintereinander sah man uns nie getrennt; wir hatten dasselbe Geld, seins war meins und meins seins ... unsere Gedichte gaben wir in einem Band heraus und widmeten sie uns gegenseitig; wir wußten immer, wer von uns worüber schweigt.»

Ist das der wahre Jessenin? Freundschaftsbedürftig, anhänglich und sanft? Und drückt Sergejs Verwegenheit, das Rüpelhafte, Laute vielleicht wirklich nur Unsicherheit aus, ist Flucht in eine Pose? Zusammen mit dem gleichgestimmten Marienhof träumt er das goldene Zeitalter der Poesie herbei, und beide möchten glauben, daß es nahe sei.

Nach der Oktoberrevolution gab es in Rußland eine Vielzahl literarischer Schulen, darunter die Expressionisten, Naturalisten, Futuristen, Surrealisten sowie den Proletkult. Was liege näher, meinten Tolja, Serjosha und ihr Anhang, als eine weitere künstlerische Richtung, und zwar, ihren Vorstellungen entsprechend, den Imaginismus zu begründen? Würde es nicht leichter sein, sich als Gruppe durchzusetzen?

Anfang 1919 veröffentlichten die Imaginisten ein Gründungsmanifest, in dem sie alle anderen Schulen verdammten und als einzig gültiges Gesetz der Kunst die Sichtbarmachung des Lebens durch Bilder proklamierten. Die Bildvorstellung erklärten sie zum wichtigsten Element der Poesie.

Deklaration
Ihr – Dichter, Maler, Regisseure, Musiker, Prosaiker.
Ihr! – Juweliere der Geste, Verbreiter von Farben und
  Linien, Facettierer des Wortes!
Ihr! – Tagelöhner der Schönheit, Verhökerer von echten
  Strophen, Akten, Gemälden ...
Wir, die wahren Arbeitsleute der Kunst, die wir das Bild
  facettieren, die Form besser vom Staub säubern als der

Schuhputzer am Straßenrand die Stiefel, erklären, daß das einzige Gesetz der Kunst, ihre einzige und unvergleichliche Methode darin besteht, das Leben durch das Bild und die Bild-Rhythmik zu erschließen. Oh, in unseren Werken hört ihr den freien Vers der Bilder.
Es gilt das Bild, und nur das Bild.

Die Begründung einer neuen Schule erwies sich als klug. Mit Richtungen, und als solche auch auf Ämtern registriert, und mit – wenngleich auch nur locker – zusammengeschlossenen Künstlern wußten die Bolschewiki besser umzugehen als mit allein agierenden Individualisten. Und so dauerte es nicht lange, bis die Imaginisten, unterstützt von den Behörden, eine Buchhandlung, einen Verlag und ein eigenes Domizil besaßen, den «Pegasusstall». In kurzer Folge erschienen mehrere Bände mit Sergejs Gedichten.

Die Abende verbrachten die beiden Freunde nun oft im «Pegasusstall», einem Café am Twerski-Boulevard. Dort fand sich ein buntes Volk zusammen: Poeten aller Schulen, jugendliche Helden vom Theater, Maler mit fettigen dunklen Mähnen, Möchtegern-Intellektuelle mit Kneifern auf der Nase und einem Tschechow-Bärtchen, stämmige Rotarmisten, blasse, in die Literatur verliebte Fräulein und Schwarzmarkthändler mit ihren Damen; er im Waschbärpelz mit Persianerkragen, sie in einer «Robe». Solche Leute nannten manche «unabgeschlachtete Bourgeois».

Oft wurden Kritiker und Professoren eingeladen, Vorträge über die Revolutionsdichtung und andere literarische Themen zu halten, doch am beliebtesten waren die Rezitationsabende der Dichter, und wenn einer der bekanntesten seine neuen Verse las, war der «Pegasusstall» regelmäßig überfüllt.

Die Helden des Publikums sind die Lyriker. Heute rezitieren sie im Polytechnischen Museum, morgen in einer Fabrikhalle, dann wieder im Säulensaal des Kreml oder in

einem der Dichtercafés. Die vom Kriegskommunismus aus-
gezehrten Menschen hören ihnen begeistert zu. Sergej Jessenin ist besonders populär.

Die Menschen lieben in seinen Versen das Ungekünstelte,
das Erdverbundene, echt Russische. Wenn er rezitiert, erscheint vor ihren Augen die weite, sonnendurchflutete
Landschaft, unberührt von Bauernaufständen, Bürgerkrieg
und Hungersnot. Den letzten Dorfpoeten nennen ihn seine
Verehrer, einen, der die Birkenwälder und die Stille, die
Steppe im Mittagsglast, den düsteren Herbsthimmel und
den Auerhahn besingt.

O Rußland – himbeerfarbne Weite
und in den Fluß gestürztes Blau –,
wie liebe ich in Schmerz und Freude
dein Sehnsuchtsleid in See und Au.

Am Uferrand vorm Nebelbrauen –
kalt ist dein Gram und maßlos schwer.
Doch dich nicht lieben, dir nicht trauen,
das lern ich nie und nimmermehr.

Und niemals spreng ich diese Ketten,
vom langen Traume scheid ich nicht,
wenn klingend in den Heimatsteppen
das Reihergras Gebete spricht.

Jeder, der es wissen will, wird von Sergejs Anhängern be-
lehrt, daß dieser der erste unter den Lyrikern der Revolutionszeit sei. An diesem seiner Gedichte lieben sie das Sanfte,
Zarte, die Lieblichkeit und Schwermut. An jenem hingegen
das andere Ich des Dorfpoeten, das Freche, Dreiste, Derbe,
Aggressive, nahe der Wirklichkeit, die sie umgibt. «Naivität,
Zutraulichkeit, eine gewisse kindliche Zartheit lagen in Jessenin dicht neben einer Ausgelassenheit, die an Flegelhaftig-

keit grenzte, neben einer Selbstüberheblichkeit, die nicht weit von Unverschämtheit war. In diesen Widersprüchen lag ein besonderer Zauber. Man liebte Jessenin. Ihm wurde vieles vergeben, was man einem anderen nicht verzieh.» (Georgi Iwanow)

Und wie er rezitiert! Zeitgenossen haben beschrieben, wie er sein Publikum knabenhaft lächelnd anblickt, die Stimme zwischen laut und leise variiert, in melodiösen Singsang fällt oder mit der Anmut eines Tieres schnurrt. Wie er bezaubert und schockiert, eine ländliche Idylle vor seinen Zuhörern entwirft und sie im nächsten Augenblick durch eine Obszönität zerstört. Wie er betört durch Stimme, Mimik und Bewegung – großartig! Unvergeßlich! Wunderbar!

Aber diese Gegensätze finden sich nicht nur in Jessenins Dichtung, sie bestimmen auch das Alltagsleben nach der Oktoberrevolution. Wenn die Zuhörer nach einem Abend mit Jessenin aus dem Dichtercafé hinaus auf die Straße treten, sehen sie die kleinen Pferdewagen, die hochaufgeschichtet Leichen, Opfer des Fleckfiebers und anderer Seuchen, davonkarren. Vom Kreml leuchten wie eh und je die goldenen Kuppeln. Und durch die Twerskaja ziehen Männer mit Elchfellmützen, dicken Schnurrbärten und stahlgrauen Uniformen; «Wir fordern den Massenterror!» skandieren sie.

Der russische Schriftsteller Ilja Ehrenburg, der bis 1940 hauptsächlich in Westeuropa lebte, hat behauptet, Jessenin habe sich nur deshalb den Imaginisten angeschlossen, «um mit den Futuristen raufen zu können». Tatsächlich wurde ihnen sogleich der Fehdehandschuh zugeworfen. «Tod dem Futurismus, Tod allem Futur-Rummel!» hieß es in der Imaginisten-Deklaration.

Als Hauptkontrahenten beider Richtungen galten Jessenin auf der Freundesseite und auf der «Feindesseite» ein Schriftsteller mit wüster Mähne, wilden Blicken und einer zitronengelben Russenbluse: Wladimir Majakowski, das Haupt der Futuristen.

Diese erhoben den Anspruch, die einzigen Repräsentanten einer neuen revolutionären Kunst zu sein; die Imaginisten wollten sie von diesem Sockel stoßen. Doch soweit die Politik ins Spiel kam, hatte Majakowski weitaus bessere Trümpfe als sein Kontrahent. Schon als Schüler war er Mitglied der Kommunistischen Partei geworden, während man Jessenin später die Aufnahme verweigert hatte, weil er im Revolutionsjahr 1917 den Sozialrevolutionären nahestand, jener anderen, im Zarenreich gegründeten revolutionären Partei, die der Industrialisierung ablehnend gegenüberstand und sich vor allem auf die Bauern stützte.

Und dennoch, die Kontrahenten ähnelten einander in ihrer verzweifelten Leidenschaftlichkeit, und auch ihr Ende sollte sich gleichen. Aber vorerst war den beiden berühmtesten Dichtern Sowjetrußlands nur eines wichtig; beide quälte ein Gedanke: Wer ist der populärere? Wer nimmt die erste Stelle ein? «Wem gehört Rußland?» Doch das hing entscheidend davon ab, welchen Weg Rußland gehen würde.

Majakowski galt als der Dichter des Proletariats, der Massen, als lyrischer Verkünder des Maschinenzeitalters. Für Jessenin hingegen war eine neue Welt nur vorstellbar, wenn die alte, Dorf und Dorfgemeinschaft, die Vogelschwärme und die Viehherden, unberührte Steppe, Wälder, Wiesen, in ihr aufgehoben blieben. Revolutionärer Wandel hieß für ihn Erhalt der Schöpfung, Bewahrung des Bewahrenswerten, das er durch alles, was von Amerika, dem Land der Eisenbahn- und Stahl- und Bank-Trusts, herkam, aufs äußerste gefährdet sah: «Wie in einer Zwangsjacke Schranken steckt man Natur in Beton.»

Ihren Höhepunkt fanden die Auseinandersetzungen zwischen den verschiedenen Künstlergruppen zu Beginn der zwanziger Jahre in öffentlichen «Gerichtsverhandlungen», die als beliebte Gaudi galten. «Ankläger» und «Angeklagte» wurden aufgeboten, auch «Sachverständige» hinzugezogen,

Kultur für die Massen – die Dichter gehen in Fabrikhallen und Kaser-
nen. Wladimir Majakowski bei einer Dichterlesung vor Soldaten der
Roten Armee.

und im engagierten Publikum überwogen je nach Stimmung Verteidiger oder Staatsanwälte. Dank Jessenin endete das «Gericht über die Imaginisten» im Großen Saal des Konservatoriums mit einem «Freispruch» und Ovationen für die «Angeklagten». Nach allerlei Erörterungen hatte Sergej Jessenin eines seiner Poeme vorgetragen, und der literarische Ankläger mußte ihm bescheinigen, dies seien die besten Verse, die in letzter Zeit geschrieben worden seien. Keiner ahnte, daß mancher der Übermütigen, die hier soviel Vergnügen an den Tribunalen fanden, in dem Jahrzehnt darauf vor einem anderen Tribunal stehen würde, als todgeweihter Angeklagter in einem stalinistischen Schauprozeß.

Doch 1920/21 genossen Schriftsteller und andere Künstler große Freiheiten im jungen und noch ungeordneten Sowjetstaat. Zwar war Lenin, der «Führer der Weltrevolution», in seinem künstlerischen Urteil ein richtiger Kleinbürger. Als er bei einer Veranstaltung im Kreml eines der wortgewaltigen Gedichte Majakowskis hörte, rief er: «So ein Quatsch!» und nannte dessen berühmteste Gedichte abwegig und beschränkt, gespreizt und dumm. Über Puschkin reichte Lenins literarisches Urteilsvermögen kaum hinaus, und was die Futuristen anbetraf, so drang er darauf, daß es «zuverlässige Antifuturisten» geben müsse. Da boten sich die Imaginisten an. Aber als ihm jemand ein Poem Marienhofs zu lesen gab, zeigte sich Lenin überzeugt, daß dieser «ein kranker Junge» sein müsse. Diese Berufung auf Volkstümlichkeit und Tradition sollte später von Stalin aufgegriffen und zum politischen Kampfbegriff werden.

Ihren Spielraum, ihre Freiheit verdankten die Künstler vor allem Lunatscharski, dem Volkskommissar für die Bildung und die Künste, einem leutseligen, liebenswürdigen Kommunisten, tolerant selbst Menschen gegenüber, die hartgesottenen Funktionären als «reaktionäre Elemente» galten. Der Kommissar war davon überzeugt, daß im neuen Sowjetstaat so weit wie möglich schöpferische Freiheit herrschen

Der Volkskommissar für Bildung Anatol Lunatscharski (links), der die
Kulturpolitik der Bolschewiki leitete, und Konstantin Stanislawski, Direktor des Moskauer Künstlertheaters, 1921.

müsse. Nur so, meinte Lunatscharski, seien Künstler in der Lage, den Massen die revolutionären Ziele nahezubringen und zu helfen, das zurückgebliebene Rußland an die Zukunft anzubinden. Dank seiner liberalen Kulturpolitik entfaltete sich in den Jahren nach der Revolution ein breit gefächertes, faszinierendes künstlerisches Leben.

Und dies zur gleichen Zeit, da sich die Kommunistische Fraktion im Allrussischen Rätekongreß für den «Massenterror gegenüber der Bourgeoisie und ihren Speichelleckern» aussprach und im Hauptquartier der bolschewistischen Partei die Direktive ausgegeben wurde, alle reichen Kosaken auszurotten.

Das sei nun einmal die Sprache der Revolution, wie sie zu ihrer Zeit auch Danton und Robespierre gesprochen hätten, und eine Folge des mörderischen Bürgerkrieges, argumentierten jene Künstler, die, wie Majakowski, militante Fürsprecher der neuen Ordnung waren. Andere, darunter viele Schauspieler und Sänger, kümmerten sich nicht um Politik.

Jessenin hingegen, dem der «Apparat» des neuen Staates fremd und undurchschaubar blieb und dem gelegentlich auch Zweifel kamen, ob der eingeschlagene Weg der richtige sei – Jessenin wollte trotzdem als Sänger der Revolution verstanden werden, «ganz auf seiten des Oktober stehend». Auf Rußlands Erde sollte eine Utopie verwirklicht werden, die alles Lebendige nährt und kräftigt und der Menschheit die Erlösung bringt.

Wie Glocke der Himmel
Und Klöppel das Mondstück,
Wie Heimat die Mutter,
Bin ich Bolschewik.

Das war die Welt, in der Jessenin lebte, als er Isadora Duncan traf. Er fühlte sich auf dem Höhepunkt des Lebens, in seiner besten Zeit.

«Der einzige, auf den ich gewartet»

Das Glück in der Pretschistenka

Es war einmal ein Wodkafabrikant – Trinker kennen ihn, den Smirnov, der wie ein Großfürst leben wollte. Er baute sich ein prächtiges Palais mit weißen Marmortreppen und wuchtigen Marmorsäulen, mit Sälen, getrennt durch Mahagonitüren mit eingelassenen Bronzeornamenten; von den freskengeschmückten Decken hingen Kristallüster herab. Die Wände ließ der reiche Moskowiter mit Ebenholz täfeln, einige auch mit Damast oder Seide bespannen, und von Schlachtenmalern pompös verewigte kriegerische Ereignisse hängte er in schweren goldenen Rahmen auf.

Doch eines Tages ging der Wodkafabrikant entweder pleite, was im Blick auf sein Produkt in Rußland unwahrscheinlich ist, oder er war des Prunks und Protzes in der Pretschistenka überdrüssig – jedenfalls verkaufte er sein prachtvolles Palais. Ein anderer Millionär erwarb es, den gleich beim ersten Anblick die Idee entzückte, seine Gattin, die berühmte Alexandra Balaschowa, mit einem silbernen Krönchen, auf Spitzen und im rosigschimmernden Gazeröckchen durch diese Hallen schweben zu sehen, denn jedermann in Moskau kannte sie als Ballerina des kaiserlichen Balletts.

Einige Monate nach Isadora Duncans Ankunft im Sommer 1921 entschied Genosse Lunatscharski, wie gesagt zuständig für revolutionäre Kunst, im enteigneten Palais der nach Paris geflohenen Balaschowa sollte auch künftig die Tanzkunst eine Heimstatt finden, aber eben die fortschrittliche, moderne, und bestimmte, daß die jetzt in Moskau lebende berühmte Amerikanerin Duncan in der Pretschistenka 20 eine Tanzschule gründen werde. Also wurden die aus Bürgerkriegsgebieten geflüchteten Familien, die im Palais vorübergehend Asyl gefunden hatten, ausquartiert, und Isadora zog dort ein.

Sogleich wies sie ihre beiden Getreuen, Jeanne und Irma, an, die kalte Pracht soweit wie möglich zu verdecken und das neue Domizil behaglich einzurichten. Aus Koffern und Kisten wurden die für Isadoras Behausungen typischen blauen Vorhänge ausgepackt und zusammen mit dereinst in Griechenland erworbenen langen roten Stoffstreifen in den Sälen aufgehängt. Über Sessel und Sofas breiteten die Frauen venezianische Tücher aus, über die Leuchter warfen sie durchsichtige französische Seidenschals, um das Licht zu dämpfen, und den langen, wuchtigen Empiretisch bedeckten sie mit buntem russischem Kattun.

Da, wo gewohnt und nicht unterrichtet werden sollte, legten die neuen Bewohnerinnen Kissen, Teppiche und Felle aufs Parkett; geschockt von der Leere auf den Böden dieser hallenartigen Räume, schleppten sie sogar irgendwo erworbene Roßhaarpolster und Matratzen in das Haus. So bunt exotisch, so anheimelnd und originell sah das frühere Palais der Balaschowa aus, als es Sergej Jessenin nach dem Atelierfest Jakulows zum erstenmal betrat.

Der Morgen graut; erst um vier Uhr haben Sergej und Isadora das Fest verlassen. Er rezitiert Gedichte. Die Sprache kann sie nicht verstehen, aber der Melodie, dem Rhythmus folgt sie. Der Klang enthält Magie, erzeugt Bilder, steigert die Begierde.

Isadora löst den Haarknoten und läßt die Locken auf die Schultern fallen, sie schlingt die schönen, weichen Arme um Serjoshas Hals – «eine vollerblühte Rose, deren Blütenkelch sich ungestüm über der männlichen Beute schließt», um Isadoras eigenen Beschreibungen ihres Liebeslebens zu folgen.

1924: Schülerinnen der Duncan-Schule veranstalten einen
Sommerkurs für Mädchen aus der Arbeiterklasse.

«Die Freuden des Herbstes», davon ist diese Liebesgöttin überzeugt, sind noch viel «gewaltiger, verzehrender, herrlicher» als die des Frühlings oder Sommers.

Und Jessenin? Hat die Exotin ihn bezaubert? Ist er berauscht von dieser Frau, vergleichbar keiner anderen, die er kennt, besessen von dem Willen, nicht «Beute», sondern Eroberer dieser *grande amoureuse* und weltbekannten Tänzerin zu sein? Bleibt ihm das Stückchen Selbstbeschwörung in der Liebeskunst der Frau verborgen? Macht ihm die so selbstverständlich Besitzergreifende nicht ein wenig angst? In seinen Augen sollten Frauen eigentlich wie Mädchen und Mütter in den Dörfern seiner Heimat sein, demütig, sanft und fromm. Die hier nimmt sich, was sie will – und fasziniert.

Gewiß, Isadora Duncan ist gewöhnt, sich Männer nach Belieben in ihr Bett zu holen; wenn niemand anders da ist, den Schiffsheizer, Gigolos, auch Boxer. Doch diesmal, so scheint es, ist die Amerikanerin nicht auf ein schnell vergessenes Abenteuer aus, sondern empfindet in den Armen des jungen Dichters das seltenere Glück, die seltenere Gewißheit, «dies sei der einzige, auf den ich gewartet, dies sei die große Liebe, der ich die letzte Auferstehung meines Lebensglückes verdanken würde.»

Jessenin wird erleben, daß Isadora Weiblichkeit in vielerlei Gestalt verkörpert. Sie ist wild und zärtlich, sieht sich als Bacchantin, als Mänade und überzeugt als eine mütterliche Frau. Sie kann großzügig, unerträglich eifersüchtig und eine verständnisvolle Freundin sein. Zunächst aber und vor allem bringt die Duncan neues Leben. Noch kürzlich hatte er gedichtet:

Kein Bereuen, Tränen nicht, noch Klage.
Alles geht, wie Apfelblütenrauch.
Golden welken nun auch meine Tage,
meine Jugend hab ich schon verbraucht.

Nun fühlt er sich wieder jung und nicht verbraucht. Ein neuer Lebensmorgen beginnt.

Seine Freunde sollen auch die ihren sein! Innerhalb von wenigen Tagen verwandelt sich das Palais der Balaschowa in ein Hauptquartier der Imaginisten, einen Zechplatz der Moskauer Bohème. Die neue Bewohnerin liebt Geselligkeit, das Zusammensein mit anderen Künstlern. Zu ihren Freunden zählen die große Eleanora Duse, der Bildhauer Rodin, der Philosoph Ernst Haeckel. Auch in Moskau soll es ähnlich wie in Westeuropa viele Feste geben. Lärmende Lebensfreude bis zum Sonnenaufgang gehört zu Isadoras Daseinsglück.

In der Zeit des Kriegskommunismus, in den ersten Jahren nach der Oktoberrevolution, wäre solche gastliche Geselligkeit in Moskau am überall herrschenden Mangel gescheitert. Aber kurz vor Isadoras Ankunft hatte die Regierung einen radikalen Kurswechsel vollzogen: die Verstaatlichung gestoppt, und, um dem Versorgungschaos Einhalt zu gebieten, privaten Unternehmern wieder Spielraum zugestanden, auch den privaten Handel wieder zugelassen. Feinschmekkerlokale wurden neu eröffnet, in denen Salonorchester spielen und befrackte Kellner vom Lachs bis zu französischen Pflaumen alles servieren, was der Gourmet begehrt. Aus Spielsalons dringen die ermunternden Rufe der Croupiers. «Neue Ökonomische Politik», kurz NÖP, heißt die Parole, mit der die Wirtschaft wieder flottgemacht werden soll.

Lenin, der gerade noch erklärt hatte, daß der Sowjetstaat bereits drei Jahre nach der Revolution das Stadium des Kommunismus erreicht habe, preist jetzt die Vorteile des freien Marktes. Selbst ausländische Firmen dürfen in der Sowjetunion Konzessionen erwerben. Aktiengesellschaften werden gegründet, für die man sich Partner im Baltikum und in Berlin sucht.

Für die Menschen zählt, daß es in den privaten Läden ausreichend Lebensmittel gibt, auch Kleidung, Alkohol und Zigaretten – vorausgesetzt, man hat genügend Geld. Während verarmte Bürger an den Straßenecken ihre Puschkin-Ausgaben, Nippfiguren und Schmuck gegen dringend benötigte Rubel loszuschlagen versuchen, fahren in der Pretschistenka die Getränkehändler vor und liefern Champagner, Wein und Wodka für das nächste Trinkgelage.

Wenn es der Geliebte wünscht, wird Isadora für ihn und ihre Gäste tanzen. Manchmal wird auch er das tun: die Matratzen, Kissen, all den Plunder in die Ecke schieben und begleitet von der Balalaika eines Freundes sowie dem Beifall der Kumpane einen wilden Bauerntanz aufführen. «Sieh mal, Mädchen, tanzen kann ich auch!» Die Gläser auf den Tischen klirren, Champagner schwappt aus übervollen Kelchen.

In Isadoras Augen steht unverhohlene Bewunderung. Jessenin spürt ihre Hingabe und genießt sie, facht sie an, indem er der Geliebten in wechselnder Gestalt erscheint.

An diesem Tag mag sich Sergej so fröhlich und so knabenhaft ausgelassen geben wie am letzten Wochenende, als er mit seiner Ziehharmonika für die Gesellschaft lustige Lieder sang. Aber wenig später, wenn er viel getrunken hat, verwandelt er sich wieder in den nicht geheuren, den despotischen Gebieter, dem die Geliebte aufs Wort zu folgen hat. Aber Isadora hat diesen Mann schon so unwiderstehlich, so gewinnend und so zärtlich, weich und anschmiegsam erlebt, daß sie einfach nicht begreifen will, wie man ihn des Rowdytums bezichtigen kann. Hat sie vergessen, daß Serjosha, eben noch schmeichelnd, sie im nächsten Augenblick mit Schimpfworten überschütten und mit Knüffen aus dem Zimmer drängen kann? Aber vielleicht wird er ja morgen ein ganz Lieber, ein ganz anderer sein. Isadora Duncan himmelt den Cherub und den Despoten an.

Es dauert nicht lange und Sergej zieht zu seiner Isadora ins Palais. Und hier in der Pretschistenka, hier in Moskau führen die beiden erstmals jene Farce mit dem Titel «Flucht und Heimkehr» auf, die sie, für den Zuschauer voller Komik und auch Schrecken, an anderen Orten und in anderen Ländern noch oft wiederholen werden. Es gibt mehrere Fassungen des Stücks, das Ende bleibt sich immer gleich.

Heute wird gegeben: *Jessenin will eben nur mal weg.* Er erzählt von dubiosen Verabredungen, die er einzuhalten habe, und verspricht, zu dieser oder jener Stunde wieder im Palais zu sein. Doch er kommt nicht. Um ihm das Pünktlichsein zu erleichtern, schenkt ihm die Freundin eine goldene Uhr. Das freut ihn wie ein Kind. Pünktlich ist er trotzdem nicht. Überhäuft mit Vorwürfen, zerschmettert er das kostbare Geschenk.

Dieselbe Fassung, nur dramatischer: Ohne der Geliebten mitzuteilen, wohin er geht, verläßt Serjosha am Weihnachtsabend das Palais und schaut, zusammen mit einem Freund, bei einem Bildhauer vorbei, den er schätzt. Dort bleibt er – es gefällt ihm so gut, daß er erst am dritten Tage wieder heimkommt; Isadora ist inzwischen fast umgekommen vor Sorge. Künftig wolle man, schlägt sie vor, gemeinsam in das Atelier gehen, und so geschieht es auch.

Eine andere Fassung des Dramas heißt: *Man will Jessenin und die Duncan trennen.* Hier haben die Imaginisten ihren Part. Sergejs Freunde, die die Großzügigkeit der Tänzerin gern in Anspruch nehmen, sind ihr dennoch nicht gewogen, vielmehr eifersüchtig, wie stark die Duncan den Freund mit Beschlag belegt und durch seine Klagen auch überzeugt, die beiden paßten nicht zusammen. Sergejs Freunde beschließen, ihn zu einer Reise nach Persien zu verlocken und so der Duncan zu entziehen. Jessenin willigt ein. Anfang 1922 bricht er zunächst nach Rostow auf. Die Duncan, seiner Flucht gewahr, steht nicht mehr auf, will nichts mehr essen, nicht mal trinken, schluchzt nur noch. Auf halbem Wege hat Jessenin es sich anders überlegt. Er läßt den Zug nach Persien aus und kehrt zurück in ihre Arme.

Ab und an wird auch gespielt: *Jessenin macht endgültig Schluß.* Dann schnürt er ein Bündel mit zwei, drei Hemden und ein Paar Socken. «Es ist aus, für immer!» brüllt er und schmeißt die Mahagonitüren zu. Später taucht er mit seinem Bündel bei Tolja auf und erklärt auch hier: «Ich hab endgültig genug von ihr!» Was dann geschieht, beschreibt Marienhof so:

«Zwei Stunden nach Jessenins Heimkehr kam der Portier der Villa Balaschow mit einem Brief. Jessenin schrieb eine unbeugsame lakonische Antwort. Eine Stunde später klingelte Isadoras Sekretär Ilja Iljitsch Schneider. Am Abend erschien Isadora selbst. Sie hatte kindlich geschwollene Lippen, und in ihren blauen Fayenceschälchen glitzerten salzige Tropfen. Sie ließ sich vor Jessenin, der auf einem Stuhl saß, nieder, umschlang seine Beine und überschüttete seine Knie mit dem roten Kupfer ihres Haars. ‹Engel.› Jessenin stieß sie von sich. ‹Hau ab, geh zum …› Er brannte ihr einen Fluch über. Isadora lächelte noch zärtlicher, noch zärtlicher flüsterte sie: ‹Isch liebe disch, Serguei Alendrandrowitsch.› Es lief immer auf dasselbe hinaus.»

Jessenin schnürt sein Bündel wieder zusammen und folgt ihr, zurück in die Pretschistenka.

Isadoras Willensstärke und ihr eigener Hang zur Tyrannei, der sich unter ihrer Fürsorglichkeit versteckte, hinderten sie, Sergej jene Freiheit einzuräumen, die er für sein Leben brauchte. Und da er ungleich willensschwächer war als sie, verzehrte sich die Liebesgeschichte dieses ungleichen Paares in immer wiederholten Brüchen, Fluchten und Versöhnungen.

Für Isadora waren solche Szenen Bestandteile einer ganz normalen Paarbeziehung. Ohne Dramatik erschienen ihr die leidenschaftlichen Gefühle zweier Menschen überhaupt nicht glaubhaft. Höchste Freude, trunkenes Entzücken, schmerzliche Begeisterung gehörten für sie ebenso dazu wie Jessenins ruhelose Schwermut, seine Wutausbrüche und brutalen Quälereien. Jeder «richtige» Mann geriet doch ab und zu in Rage! Das wußte sie aus ihrem Zusammenleben mit dem genialen englischen Bühnenbildner Gordon Craig und danach mit Paris Singer, einem Sohn des bekannten amerikanischen Nähmaschinenfabrikanten.

Zwei Jahre, von 1905 bis Anfang 1907, hatte das Verhältnis mit Gordon Craig, dem Vater ihrer Tochter Deirdre, gedauert. Seiner Wutausbrüche erinnerte sie sich sehr genau. Aber das hatte doch die Leidenschaft eher noch angefacht, die Liebe nicht gemindert! Die war zerbrochen, weil Craig durch Isadoras Ansprüche seine eigene künstlerische Tätigkeit behindert sah; seinem Drängen, ihm zuliebe die Tanzkunst aufzugeben oder doch einzuschränken, hatte sie nicht nachgeben wollen. Im Gegenteil, sie wünschte, daß er sie auf ihren Tourneen begleite, während er mit Bühnenentwürfen, Ausstellungen seiner Bilder und Theaterarbeit mit der Duse beschäftigt war.

Singer wiederum, der Vater ihres Sohnes Patrick, unermeßlich reich und der Tänzerin ergeben, hatte ihr jeden Wunsch von den Augen abgelesen, immer in der Hoffnung, daß sie eines Tages doch noch seine Frau werden würde. In Paris, wo sie miteinander lebten, hatte er ihr zu Ehren rauschende Feste gegeben, doch konnte es geschehen, daß selbst in einer solchen Nacht Isadora ihre Gunst einem anderen zuwandte. Wie hatte ihr eifersüchtiger «Lohengrin» dann getobt!

Bei Jessenin entzückte sie das Gewalttätige geradezu. «Mein Gott! Wie wunderbar!» Da stand ihr zornbebend ein «richtiger Muschik», ein grober, herrlich starker Bauer aus dem «richtigen Rußland» gegenüber! Nicht nur glaubte sie, die «wahre» Liebe eines «wahren» Russen zu erleben, sie genoß auch die Unterwerfung. Sie war die Kehrseite ihres eigenen tyrannischen Wesens. Für beide, für Isadora, die in mancher Hinsicht so moderne Frau, als auch für Jessenin, der in seinen Erwartungen gegenüber Frauen den Traditionen des Dorfes verhaftet blieb, war Liebe immer auch von Besitzansprüchen getragen, vom Recht auf Mißtrauen und Eifersucht, von der Vorstellung, daß es stets Gewinner und Verlierer, Herrscher und Beherrschte gebe. Wer welchen Part zu übernehmen hat, entscheidet sich danach, wer der Abhängigere von beiden ist: «Wer liebt, muß leiden. Wer mehr liebt, muß mehr leiden!»

In der Beziehung zu Paris Singer war der Mann der Leidende gewesen, denn er liebte Isadora ungleich mehr als sie ihn. «Natürlich» hatte sie ihn zuweilen rücksichtslos behandelt, und er hatte es seufzend hinnehmen müssen. Nun, im Verhältnis zu Jessenin, war es umgekehrt. Gewiß, sie hoffte, daß das nicht so bleiben würde. Aber es erstaunte sie nicht allzusehr, daß sie, in dieser Liebesgeschichte die Abhängigere, zuweilen schlecht behandelt wurde. Es tat ihr sogar gut, sie fühlte sich bezwungen. Auch solche irrigen Vorstellungen geisterten in Isadoras Kopf herum, wenn sie die Übereinstimmung des Menschen mit der Natur und «das Natürliche» zum obersten Prinzip erhob.

Im Bolschoi-Theater feierte man den vierten Jahrestag der Oktoberrevolution. Aus diesem Anlaß trat Isadora zum erstenmal nach ihrer Ankunft in der neuen Hauptstadt auf. Lenin saß in der Regierungsloge, und Lunatscharski ließ es sich nicht nehmen, die berühmte amerikanische Tänzerin selbst einzuführen. Die hatte nun das Publikum, das sie sich wünschte: Rotarmisten, Arbeiter und Arbeiterinnen aus den Moskauer Fabriken, Stenotypistinnen und Reinemachefrauen aus den Volkskommissariaten, Veteranen der bolschewistischen Partei – Menschen, von denen die meisten sich nie hätten leisten können, ein Theater zu besuchen. Jetzt blickten sie ehrfürchtig auf den Genossen Lenin und die anderen führenden Bolschewiki und warteten darauf, daß der Vorhang sich öffnete.

Die Duncan tanzte Tschaikowskis Sechste Symphonie und als Allegorie auf das durch den Zarismus versklavte russische Volk, dem es gelingt, sich zu befreien, seinen Slawi-

Die Duncan tanzt die Marseillaise.

schen Tanz. Und dann, zum Schluß, als Höhepunkt des Abends: die Internationale. Mit ihrem Sinn für Pathos, wo es galt, einer «großen Sache» zu huldigen, hatte sie während des Krieges in Paris die Marseillaise getanzt. Und so wie damals verhielt sich das Publikum auch jetzt: Es erhob sich und sang stehend mit. Das war der Moment, wo die Kinder aus Isadoras Tanzschule auf die Bühne eilten, in rote Kittel gekleidet, einen Kreis um Isadora schlossen und die Ärmchen zum Himmel reckten – eine jener von revolutionären Liedern untermalten Massenszenen, die geeignet waren, Großveranstaltungen der Bolschewiki emotionale Höhepunkte zu verschaffen. Der Politkitsch hatte seine Choreographin gefunden.

Isadora verstand sich auf diese Art Propaganda. Eine ihrer Vorstellungen in Petrograd vor dreitausend Matrosen drohte am plötzlichen Stromausfall zu scheitern. Da ließ sie sich eine Laterne auf die Bühne bringen und forderte die Männer auf zu singen. Die populäre *Warschawianka* wurde angestimmt, und bald hallte ein Revolutionslied nach dem anderen durch das Theater. Der Abend war gerettet.

Doch auch die stehenden Ovationen konnten nicht darüber hinwegtäuschen, daß sowohl das traditionelle Publikum als auch die Arbeiter und Soldaten, die man mit Freikarten ins Theater gelockt hatte, klassische Ballettaufführungen dem modernen Ausdruckstanz vorzogen. Jene, die die Duncan schon während der Zarenzeit in Rußland hatten tanzen sehen, konnten die leichtfüßige Nymphe, die strahlend schöne Künstlerin, die sie einst bewundert hatten, nicht mehr wiederfinden.

Wenn sie ihren Kopf zurückwarf, die Arme leicht angewinkelt in die Höhe hob und die Hände ausstreckte, als wollte sie den Himmel auf die Erde holen, dann wirkten ihre Posen noch immer schön und ausdrucksvoll. Auch das außergewöhnlich starke Gefühl für Rhythmus war geblieben. Aber die Duncan lief und sprang nicht mehr wie einst, sondern schritt jetzt eher majestätisch oder erhaben wie eine Priesterin im langen fließenden Gewand daher. Jetzt steht sie, kniet nieder, beugt den Kopf, sinkt auf den Boden, verharrt in dieser Stellung, schwingt sich langsam wieder auf und durchschreitet den Bühnenraum. Es fehlte das Behende, die einstige Schwerelosigkeit.

Wer ohne Häme Isadoras Tanz verfolgte, erkannte die Tragik: Sie mußte fürchten, ein Opfer der von ihr entworfenen Gesetze der modernen Tanzkunst zu werden, des Tanzes als Ausdruck entfesselter Naturbewegung. War das noch «der Pulsschlag der Erde», der in ihrem Tanz laut schlagen sollte?

Jessenin ist stets dabei, wenn Isadora in der Hauptstadt tanzt. Aber besonders schön sind jene Tage, die sie zusammen in Petrograd erleben. Ursprünglich hat Sergej die Freundin nur zum Bahnhof bringen wollen, doch unter dem Eindruck eines animierenden, von ihrem Manager Ilja Schneider gedolmetschten Gesprächs im Wartesaal und einer seiner spontanen Eingebungen folgend, war er einfach mitgereist. Man steigt ab im «Angleterre», genießt den guten Wein dort, und nachdem die Geliebte, selbst berauscht von ihrem Publikum, den beim Schein einer Laterne singenden Matrosen, zurück in die Garderobe kommt, stürzt ihr Sergej hingerissen hinterher und umarmt sie lang und heftig. «Zum erstenmal fühlte ich, daß er mich wirklich liebt.» Das war im Februar 1922.

«Schenkt uns Teller, Töpfe, Bratpfannen»

Die Heirat

Noch nicht einmal ein halbes Jahr ist seit jener Nacht vergangen, in der die Liebesgeschichte zwischen dem Dichter und der Tänzerin begonnen hat. Und wieder hält die «schwarze Braut Schwermut» Jessenin umfangen.

Sein Freund Marienhof hat sich in eine Schauspielerin verliebt; die beiden heiraten. Da will Sergej «nicht stören», nicht das Anhängsel, «der Dritte» sein und zieht sich zurück von diesen beiden. Und der anderen Imaginisten, mit denen zu streiten, mit denen zu zechen und zu provozieren ihm so viel Vergnügen machte, sei er, sagt er, schon des längeren überdrüssig, ihr Rowdytum widere ihn an.

> Schimpft nicht, so ist halt mein Leben,
> mit Worten handle ich nicht.
> Ich kann nicht mehr halten und heben
> meines goldenen Kopfes Gewicht.

In sein Dorf ist er gefahren und hat gesehen, wie alles auf dem Land zerfällt und die Menschen der Vergangenheit nachtrauern. Der Dorfpoet ist längst dem Dorf entwachsen, durch Genialität um die Sicherheit der Beschränkung gebracht. Sein starkes Bedürfnis nach Zugehörigkeit wird durch die Clique, die Kumpane in den Cafés und den Kneipen nicht befriedigt. Auch die Liebe Isadoras reicht nicht aus.

Und der Mythos Revolution? Jessenin spürt den Vorbehalt bei Lenins Leuten. Sie argwöhnen, daß dieser Dichter zu jenen Aufrührern gehört, die sich nur schwer in eine Ordnung fügen. Er sei «verwertbar», wie sie es nennen, sie können ihn «gebrauchen», aber dazu gehört er nicht.

Überdies wird in diesem Frühjahr des Jahres 1922 deutlich, daß die Kommunistische Partei sich anschickt, die Befugnisse der Geheimpolizei erheblich zu erweitern und die letzten Überreste der ursprünglich mit ihr rivalisierenden sozialistischen Parteien zu zerschlagen. Längst ist entschieden, die Führer der Sozialrevolutionäre, jener Linkspartei, der sich Jessenin und viele Bauern eng verbunden fühlten, wegen «konterrevolutionärer, terroristischer Tätigkeit» vor das Oberste Revolutionstribunal zu stellen. Im Sommer 1922 wird der Schauprozeß beginnen. Lenins Leute haben das richtige Gespür: Der Dichter ist nicht einer der ihren. Die angenommene und erwünschte Übereinstimmung mit den Bolschewiki erweist sich als eine Illusion. An eine Freundin in Charkow hat Jessenin schon vor zwei Jahren geschrieben:

«Es bedrückt mich jetzt sehr, daß die Geschichte eine schwere Epoche durchmacht, in der die Persönlichkeit als das Lebendige abgetötet wird, denn der Sozialismus ist gar nicht so, wie ich ihn mir vorgestellt habe, sondern etwas Abgegrenztes und Zweckhaftes, wie die Insel Helena, ohne Ruhm und ohne Träume. Zu eng für den Lebendigen, zu eng für den, der die Brücke baut in die unsichtbare Welt, denn diese Brücken werden den kommenden Generationen unter den Beinen weggeschlagen und weggesprengt. Gewiß, wem es sich offenbart, der wird sie e i n s t erblicken, diese verschimmelten Brücken, aber immer wird es traurig stimmen, in einem neu erbauten Haus niemanden wohnen, in einem neu gezimmerten Kahn keinen fahren zu sehen.»

Nein, an Emigration denkt Jessenin nicht – undenkbar, daß er woanders leben könnte als in seinem Heimatland –, er will einfach nur mal durchatmen, die Melancholie abschütteln, seiner alten Unrast folgen, als er im März 1922 Lunatscharski um Unterstützung bittet. Er, Jessenin, habe sich entschlossen, für drei Monate nach Berlin zu gehen, um das Erscheinen seiner Werke dort voranzutreiben, auch um die Bücher seiner Freunde will er sich entsprechend kümmern und «mögliche Aufträge des Volkskommissariats für Volksbildung» übernehmen. Verhältnismäßig schnell, in den ersten Apriltagen, wird die Reisegenehmigung erteilt.

Es ist unbekannt, welchen Anteil Isadora an dieser Initiative hatte, ob sie die Reise, gewiß zu zweit, vielleicht sogar vorgeschlagen hat. Kaum vorstellbar, daß sie nicht eingeweiht war oder abgeraten hat. Vielmehr entspricht es ihrem Wesen, angesichts der Krise, in der ihr Sergej sich befand, auf Abhilfe durch Veränderung zu sinnen, ihn durch einen Auslandsaufenthalt herauszureißen aus den düsteren Stimmungen, ihm Luftveränderung, neue Eindrücke und womöglich gute Ärzte zu verschaffen.

Auch sie fand Grund, enttäuscht zu sein. Überschwenglich hatte sie der französischen KP-Zeitung *Humanité* erklärt, «daß hier in Rußland das größte Wunder geschieht, das der Menschheit seit zweitausend Jahren widerfahren ist ... Alle Menschen werden Brüder, fortgerissen von der großen Welle der Befreiung ...»

Aber in der Pretschistenka war von dem «großen Wunder» nichts zu spüren. Die Bolschewiki hatten andere Sorgen, als sich um Duncans «Tanz der Zukunft» und ihr Schönheitsideal zu kümmern. Tausend Schüler? Haltlose Versprechen! Höchstens vierzig! Und selbst für diese sorgt die Regierung nicht. Soll die Tänzerin doch Vorstellungen geben, Eintritt dafür nehmen und so das nötige Geld ranschaffen! Aber gerade der vom Geld abhängigen Kunst hatte sie entfliehen wollen! Viele der kommunistischen Funktionäre finden Volkstänze, die Isadora «Sklaventänze» nennt, ohnehin viel schöner, realistischer, volksnäher, und sie bedürfen solchen Aufwands nicht.

Isadora mußte erfahren, wie rückständig und engstirnig

viele überzeugte Bolschewiki waren. Zu einem Gesellschafts-
abend von Funktionären eingeladen, zu dem sie, einschließ-
lich des Schals und Kopfschmucks, ganz in Rot erscheint,
erlebt sie, daß es dort nicht viel anders zugeht als bei Spieß-
bürgern im Westen: Man tut fein, lauscht sentimentaler Sa-
lonmusik, auch einer französischen Chansonette, die Frivo-
les singt, und anschließend besäuft man sich. Die empörte
Amerikanerin liest den «verkappten Bourgeois» gehörig die
Leviten – lauthals und naiv. Die Gescholtenen halten sie für
spinnert und hysterisch – eine Operettenkommunistin.

Die Tänzerin beteiligt sich dennoch mit allen Kräften an
dem neuen Leben, setzt revolutionäre Parolen in Choreographie um, nimmt mit ihren Schülerinnen, rote Fähnchen
schwenkend, an den Demonstrationen teil. Den Auszug der
Kunst aus den Akademien und Museen hatte Majakowski,
wie viele andere, begeistert begrüßt: «Die Straßen sind unsere Pinsel, unsere Palette die Plätze.»

Und weil Einsicht und nüchterne Bestandsaufnahme nicht
zu Isadoras Stärken zählen, fährt sie fort, ausländischen Zeitungen zu erklären, hier, im neuen Rußland, könne sie zum
erstenmal im Leben ihre «Arme ausstrecken und atmen».
Denn: «Verbannt in die Vergangenheit ist das alte Jugend-
ideal mit seinem mageren Preis der monogamen Lieben und
seinem engstirnigen Ideal der Familie als dem Daseinsziel.
Die Liebe der Zukunft wird nicht heißen ‹meine Familie›,
sondern ‹die ganze Menschheit›, nicht ‹meine Kinder›, sondern ‹alle Kinder›, nicht ‹mein Land›, sondern ‹alle Völker›.
Ich grüße die Geburt der Gemeinschaft der Internationalen
Liebe!» Hoffnung schlägt hier in Verblendung um.

Mitte April 1922 telegrafieren die Geschwister, daß Isadoras Mutter in Paris gestorben sei. Möglichst schon am nächsten Tag möchte die Tochter dorthin aufbrechen. Daraus
wird nichts. Doch die Reisepläne Jessenins und der Duncan
werden nun wesentlich erweitert und die Vorbereitungen in-
tensiviert.

Die tatkräftige Isadora gibt jetzt Telegramme auf, vor allem an einen New Yorker Impresario, der für sie und zwanzig ihrer Schülerinnen eine Amerika-Tournee organisieren soll. Der Impresario bietet fünfzig Auftritte und achthundert Dollar pro Abend – weniger, als sie erwartet hat. Dennoch sagt Isadora zu.

Beide, sie und Sergej, lieben Aufbrüche, und dieser hier belebt sie sehr. Jessenin, nun entschlossen, nicht nur nach Berlin zu gehen, sondern Isadora auch nach Amerika zu folgen, will dem Westen zeigen, «was ein russischer Dichter ist», ein Traum, den er seit längerem träumt. Isadora sieht sich herausgefordert: Geld besorgen, um die Schule zu erhalten, das ist das eine. Aber ungleich wichtiger ist, den jetzt sechsundzwanzigjährigen Geliebten auf dem Weg zum Weltruhm zu begleiten, ihm mit ihren Erfahrungen, ihren Verbindungen, ihrer Liebe beizustehen. Nun soll verwirklicht werden, was sie Sergej Alexandrowitsch damals im Wartesaal vor der Fahrt nach Petrograd übermütig angekündigt hatte: «Wir werden gemeinsam auftreten ... Dein Wort und mein Tanz ... Wir werden die ganze Welt beherrschen.»

Wieder ist nicht klar, wer als erster die Idee gehabt hat. Wieder liegt es nahe, daß es Isadora war. Jedenfalls überrascht sie die Vertrauten mit der Bemerkung, es sei zweckmäßig, auf die große Reise mit Jessenin als dessen Ehefrau zu gehen. Schließlich wolle man gemeinsam übernachten, im gleichen Hotelappartement, im gleichen Schlafwagen und nur einer Schiffskabine. Dem aber ständen die kleinkarierten Anstandsregeln in Westeuropa, besonders in Amerika entgegen. Nur Verheiratete dürften dort ein Doppelzimmer teilen.

Welch eine Überraschung! Die strikte Ehegegnerin will ihrem Grundsatz untreu werden. Keineswegs, entgegnet sie. Schließlich sei in Sowjetrußland die kirchliche Eheschließung und mit ihr die Unauflösbarkeit der Ehe abgeschafft.

Irma, Isadora und Sergej an ihrem Hochzeitstag.

Hier sei nichts weiter nötig, als sich in ein Register eintragen zu lassen, und zwar ohne damit Verpflichtungen einzugehen, ja, sogar mit der Möglichkeit, die Unterschrift auch einseitig zu tilgen.

Und so geschieht es: Am 2. Mai verlassen Sergej und Isadora das Registeramt als Mann und Frau. Jessenin-Duncan wollen sie heißen. Isadora hat sogar ihre amerikanische Staatsbürgerschaft dafür aufgegeben und wird einen sowjetischen Paß erhalten – eine schwerwiegende Entscheidung. Sie dämpft jedoch nicht ihren Übermut. «Hochzeit! Hochzeit!» frohlockt die Frischvermählte. «Schreibt uns Glückwünsche ... Schenkt uns Teller, Töpfe und Bratpfannen! ... Zum erstenmal im Leben hat Isadora einen rechtmäßigen Ehemann!»

Nicht nur solche Freudenjauchzer lassen Zweifel aufkommen, ob die Eheschließung für Isadora nicht mehr bedeutete, als möglichst angenehm zu reisen. Schließlich war sie mit zahlreichen Liebhabern durch die halbe Welt gezogen, ohne je die Unbequemlichkeiten in Hotels beklagt zu haben. Gordon Craig begleitete sie über einen längeren Zeitraum auf Tourneen. Mit Paris Singer lebte sie, auch auf Reisen, wie ein Ehepaar. Ob Doppel- oder Einbettzimmer, das entschieden die Damen und Herren in der Geschäftsleitung oder an der Rezeption doch wohl meistens danach, wie berühmt die Gäste waren und was sie ausgeben konnten.

Übrigens blieb es nicht bei dem formlosen Akt in einem Moskauer Büro. Jessenin wird Isadoras Moskauer Manager Ilja Schneider während ihres Aufenthalts in Deutschland schreiben, wegen irgendwelcher Paßschwierigkeiten habe ihn seine Frau ein zweites Mal geheiratet und trage nun ausschließlich seinen Namen. So geschah es in Berlin; beide werden es bald verdrängen, vergessen.

Legalisierung einer Affäre oder Ausdruck ihrer Liebe – was immer die Verheirateten bewogen haben mag, für beide war es eine erstaunliche Entscheidung. Jessenin hatte gerade erst eine gescheiterte Ehe hinter sich. Im letzten Herbst war er von der Tochter eines Arbeiters und Sekretärin in einer Zeitungsredaktion, Sinaida Raich, geschieden worden, einer eindrucksvollen jungen Frau, politisch den Sozialrevolutionären verbunden. 1917 hatten sie sich kirchlich trauen lassen, zwei Kinder, ein Sohn und eine Tochter, wurden geboren. Sergejs Freunde berichteten damals von seiner Zufriedenheit und ihrem Glück. Jessenin als Hausherr und als Vater, mit einer eigenen Familie und einem eigenen Heim in Petrograd – das schien ihm zu gefallen. Doch der Idylle überdrüssig und beleidigt, weil ihm seine Frau einen Liebhaber vor ihm verschwiegen hatte, hatte Sergej sich nach Moskau abgesetzt. Was spricht dagegen, daß dieser unstete, getriebene Mensch nicht auch der neuen Bindung überdrüssig werden wird?

Und jeder, der Isadora näher kannte, hielt es für ausgeschlossen, daß sie, die der Ehe seit ihrer frühesten Jugend den Kampf angesagt hatte, sich je, in welcher Form auch immer, binden würde. Besonders in der Ehe zwischen Künstlern sah sie ein Hemmnis für die ungestörte Entwicklung des künstlerischen Schaffens. Kinder – ja! Die liebte sie, aber Craig zu heiraten, bloß weil er der Vater ihrer Tochter war – was für eine abwegige Vorstellung! Dann war ihr Sohn zur Welt gekommen und dessen Vater, Singer, schlug vor zu heiraten. Isadora ließ sich für drei Monate auf eine Probeehe ein und machte sich noch vor Ablauf dieser Frist aus Singers Schloß mit einem anderen davon. Nachdem ihre beiden Kinder so tragisch umgekommen waren, bot sie zuweilen beliebigen attraktiven Männern an, ihr «ein Kind zu machen», um es alleine großzuziehen.

Fürchtete sie sich jetzt vor dem Alter und der Einsamkeit? In Sergejs Armen fühlte sie sich jung. Er brauchte sie, dessen glaubte sie sich sicher, und sie liebte ihn, das Sanfte und das Grobe seines Wesens, den Dichter und den Muschik. Wenn er nachts in ihren Armen lag und ein Lichtschein sein Ge-

Isadora mit ihren Kindern Deirdre und Patrick,
die bei einem Unfall in der Seine ertranken.

sicht erhellte, meinte sie, Patrick, ihr kleiner Junge, sei ihr zurückgegeben worden. Nicht noch einmal dieses Kind verlieren!

Jessenins Motive bleiben im dunkeln. Die, die ihn kannten, warteten immer wieder mit Beispielen für seine Ruhmsucht auf. In seinem *Roman ohne Lüge* erzählt Marienhof von einer gemeinsamen Autopartie mit den jungen Schaljapins, Kindern des weltberühmten russischen Baß-Baritons. Freund Sergej habe während des Ausflugs tief in die Augen des unschönen Sänger-Töchterchens geblickt, sie mit seinem Charme umworben und nach der Rückkehr aufgeregt geflüstert: «Du, Tolja, wäre das nicht was: Jessenin und die Schaljapina? Ob ich sie heirate, hm?» Ruhmsucht als Heiratsgrund? Kurz vor seinem Tod heiratete Sergej eine Enkelin Leo Tolstois.

Ilja Schneider, Isadoras Sekretär, sah in der Liebe zwischen der Amerikanerin und dem Russen den «Zusammenstoß zweier Epochen, zweier Lebensanschauungen, zweier Welten». Anfangs mag das Nicht-miteinander-reden-Können für beide noch etwas Reizvolles, Exotisches gewesen sein. Es umgab den anderen mit einem Geheimnis, das sie gegenseitig mit der Sprache ihrer Augen, Hände, Lippen, Zungen, mit der Vereinigung ihrer Körper zu durchdringen suchten. Sinnlichkeit ersetzte Sprache und ließ sie den Altersunterschied vergessen. Doch allzu schnell vergeht die Zeit, da ein Seufzer, Laute der Lust Seligkeit bereiten.

Jessenin beherrscht nur seine Muttersprache. Sie spricht ziemlich gut Französisch, wenngleich mit starkem amerikanischem Akzent, versteht auch Deutsch. Jetzt nimmt sie Russischunterricht nach dem Muster: «Was ist das? – Das ist ein Bleistift! Was für ein Bleistift ist das? – Das ist ein roter Bleistift.»

Am nächsten Tag meint Isadora, das sei ja alles gut und schön, sie müsse aber wissen, wie man auf russisch einem jungen schönen Mann zu verstehen gebe, daß man ihn küssen wolle. «Und solche Sachen, wissen Sie!» Danach schreibt sie Sätze, die sie zu gebrauchen meint, auf ein Stück Papier, und Leute in ihrer Umgebung mühen sich, die richtige Übersetzung ins Russische zu finden.

Ihre primitive Ausdrucksweise, die falsche Grammatik, die unrichtige Betonung, der amerikanische Akzent – es muß Jessenin körperlichen Schmerz bereitet haben, solch Kauderwelsch zu hören. Seine Liebe, alle Hoffnung, Zweifel und Verzweiflung, auch Augenblicke der politischen Gewißheit: «Das ist es nicht, was Rußland rettet» – er kann mit Isadora nicht darüber reden. Eine Auswahl seiner Gedichte kennt sie durch Übersetzungen; «sehr musikalisch», meint sie. Verzweifelt schaut er an die Decke.

Gewiß, sie hat Dickens und Shakespeare gelesen, Tragödien von Aischylos und Sophokles. Liebhaber haben sie mit der französischen Literatur bekannt gemacht. Aber was weiß sie von Puschkin und Gogol? Was versteht sie von russischer Lyrik? Und selbst wenn es anders wäre – sie können ja nicht reden! Sie sitzen da und schweigen. «Das heulende Elend!», so Sergej zu seinem Freund. Da ist bei jedem etwas, was der andere nicht kennt und mit dem er auch nicht umgehen kann.

In solchen Augenblicken sieht er die Falten um ihre Augen, hört sie schwer atmen, ohne daß sie tanzt, und ihm wird bewußt, daß er, der Liebhaber, ungefähr so alt wie ihre adoptierte große Tochter ist, siebzehn Jahre jünger als die Tänzerin. Als Sergej um die Jahrhundertwende die vierklassige Dorfschule besuchte, feierte sie schon in Berlin und Budapest Triumphe und bekam bald darauf ihr erstes Kind.

Da bedeutet es relativ wenig, daß sich ihre ersten Lebenserfahrungen gleichen. Sie wuchsen beide ohne Väter auf, die hatten die Familien in Stich gelassen; Sergej wurde von liebevollen Großeltern aufgezogen, sie lebte mit den drei Geschwistern bei der Mutter.

Doch auch im Blick auf Herkunft und Familie fallen die Unterschiede stärker ins Gewicht als die Gemeinsamkeiten.

Alexander Jessenin, der Vater,
und Tatjana Fjodorowna, die Mutter Jessenins.

Sergejs Landschaft ist die Steppe, Isadoras die Großstadt San Francisco mit dem Pazifik, der Bay, dem Strand.

Er wird streng religiös erzogen, und seine frühen Lieblingsbücher sind die Bibel und das *Lied von der Heerfahrt Igors*. Religion gehört zu seinem Leben. Ihr hingegen bringt die antiklerikale Mutter bei: «Statt Gott lies Natur ...», und ihre frühen Helden heißen Walt Whitman und Rousseau. «Ich bin Heidin, jawohl Heidin», bekennt sie. «Meine Religion ist der Tanz!»

Jessenin kommt aus einem konservativen bäuerlichen Haushalt, die Duncan wächst inmitten der Bohème auf, ohne finanzielle Sicherheit und bürgerliche Regeln, «unsolide», wie die Leute sagen. «Immer war ihnen der Sheriff dicht auf den Fersen, immer prellten sie mit Bitten und Schmeicheleien die Geschäftsleute um ihr Geld, blieben der Wirtin die Miete schuldig, lockten reichen Philistern ein Almosen aus der Tasche.» (John Dos Passos)

Die Autodidaktin hat nie eine Tanzschule besucht, er keine Schreibwerkstatt für künftige Dichter. Eigentlich sollte Sergej Lehrer werden. Aber die Besessenheit, mit der beide daran arbeiteten, das zu werden, wozu sie sich berufen fühlten, nämlich der größte Dichter Rußlands und die bedeutendste Tänzerin ihrer Zeit, das wiederum läßt das Verwandte zwischen ihnen erkennen.

Sie lehrt schon als Zwölfjährige andere Kinder so zu tanzen, wie sie selber tanzt. Er reist als Sechzehnjähriger aus dem Bezirk Rjasan zunächst nach Moskau, später dann nach Petrograd, um seine Gedichte vorzuzeigen und sich Verbindungen zu schaffen. Jeder teilt des anderen Freude, aufzutreten und sich darstellend Bewunderung zu ernten. Zwei Menschen – aus auf Selbstverwirklichung und kühne Daseinsinszenierungen –, genau das verbindet sie.

Sowohl Sergej als auch Isadora haben ihre eigenen Vorstellungen von der Verbindung zwischen Kunst, Natur und Leben. Sie unterstreicht die Zusammengehörigkeit von

Tanz, Musik und Malerei; tänzerische Gebärden sollen die Bewegungen der Erde, des Windes und der Wellen fortführen und so Natur und Kunst verweben. In seinen Gedichten verschmilzt die ganze Schöpfung. Als rote Mähre kommt der Herbst dahergeritten, der Mond erscheint als Füllen. Der Mensch, für einen Augenblick verwandelt in ein Huhn, legt ein goldenrotes Wortei in das Nest. Die Bäume und die Tiere – Menschenschwestern sind es, Menschenbrüder.

Zwei Künstler haben sich verbunden, die dem Neuen zugehören wollen. Doch die Erneuerung der Welt, die sie erstreben, soll mit dem Geist des Alten verwoben sein: für sie mit der Antike, für ihn mit dem bäuerlichen Leben.

Für jeden verkörpert der andere das faszinierend Fremde, er Rußland, sie Amerika. Thomas Mann meinte, zwischen «russischer und amerikanischer Menschlichkeit … merkwürdig Verwandtes» zu entdecken: «Zutraulichkeit, Offenheit … eine gewisse fröhliche Primitivität … im Trinken, im Lieben, in der gesamten Lebenslaune …» Dem amerikanischen Schriftsteller Theodore Dreiser, der in den zwanziger Jahren durch Rußland reiste, fielen eher die Gegensätze auf. Er berichtete von Begegnungen mit Menschen, die kaum etwas von der Leichtigkeit und Effektivität seiner Landsleute besäßen, sondern nach dem Motto «Zeit genug, Zeit genug!» sich so störrisch gegen jede Art von Eile zeigten, daß ihre andauernde Gemächlichkeit und aufreizende Gleichgültigkeit im Arbeitsleben jeden in Amerika, so Dreiser, zur Raserei bringen würde. Russen erschienen ihm schwerfällig und lethargisch, wenn es um praktische Verrichtungen ging, aber jederzeit dafür zu haben, müßige Diskussionen zu führen, Spekulationen nachzuhängen und sich in philosophische Träumereien einzuspinnen.

Aber die Gegensätze der beiden ziehen sich nicht an. Von Jugend an überzeugt Isadora durch ihre außergewöhnliche Tatkraft und Energie. Nichts erscheint unmöglich; selbst in den aussichtslosesten Situationen verliert sie nicht den Mut.

Ärmel aufkrempeln und unverdrossen weiter! Solche Eigenschaften erleichterten zwar die Weltkarriere, nicht aber ihr Liebesleben mit Sergej.

Gerade weil sie so resolut und unverwüstlich sei, so meinte die Amerikanerin, müsse sie die richtige Frau für diesen Russen sein. Ganz unrecht hatte sie auch nicht. Mag er der Melancholie und dem Selbstzweifel verfallen, sich jenem tiefverwurzelten Leidenskult hingeben, der ihr so fremd ist – sie besitzt genügend Selbstvertrauen, ihrer beider Leben in die Hand zu nehmen. Doch daß auch Anmaßung in einem solchen Anspruch liegt, erkennt die Duncan nicht. Sie meint es doch nur gut.

Heute ist ihr der Geliebte dankbar, daß sie ihn aus seiner Schwermut reißt. Morgen reagiert er auf ihre Munterkeit mit Indolenz und trotziger Trägheit. Ihre Naivität, ohne die soviel Optimismus gar nicht denkbar wäre, reizt die angespannten Nerven, ihre Vitalität erdrückt. Am festesten binden dieses Liebespaar die Angst vor dem Alleinsein und ein unstillbares Bedürfnis nach Geborgenheit. Genau das aber können sie sich nicht dauerhaft geben.

«Schwarze Braut Schwermut»

Aufbruch nach Westeuropa

Wohl dem, der Dollar in der Tasche hat! Er bekommt in diesem Frühjahr 1922 für einen einzigen Dollar fast zweihundert deutsche Mark, und jede Woche verbessert sich der Wechselkurs. Die schon im Krieg beginnende Geldentwertung und Teuerung haben in Deutschland inflationäres Ausmaß angenommen, und ein Ende ist nicht abzusehen. Ein Pfund Butter kostet vierundsechzig Mark.

Wer unter so widrigen Umständen keine Sorgen hat, der macht sich welche und beteiligt sich in den Leserbriefspalten der *Berliner Morgenpost* an dem heißentbrannten Streit, ob es für eine Dame schicklich sei, abends ohne Begleitung ins Café zu gehen.

Von solchen Nöten und Nichtigkeiten berichten die Zeitungen der Stadt, als das Ehepaar Jessenin-Duncan am Morgen des 11. Mai 1922 aus Königsberg kommend mit dem Nachtzug in Berlin eintrifft.

Am Tag zuvor waren Sergej und Isadora, gebucht auf dem kürzlich eingerichteten regulären Linienflug Moskau–Königsberg, mit einer sechssitzigen Fokker der Deutschen Luftfahrtgesellschaft aus Moskau abgeflogen.

Alles, was vor Antritt der großen Reise zu regeln gewesen war, hatten sie geregelt. Die Kinder, die nicht hatten mitfahren dürfen, waren der Obhut Irmas anvertraut. Bezeugt von dieser und Ilja Schneider, hatte Isadora kurz vor dem Abflug auch noch ihr Testament gemacht und auf einer herausgerissenen Notizbuchseite Sergej zu ihrem Erben bestimmt.

Fliegen galt als ein gefährliches Abenteuer; Jessenin erlebte es zum erstenmal. Aber sicherlich hatte die abergläubische Isadora vor der großen Reise die Sterne befragt und, nach bösen Zeichen forschend, auch in sich hineingelauscht. Doch nichts sprach dafür, sich Sorgen machen zu müssen: Keine bösen Vorahnungen, keine bedrückenden Träume, keine Bangigkeit. Freudig und erwartungsvoll brachen der Dichter und die Tänzerin in ein neues Leben auf.

Gewiß, viel von dem, was andere mit in ihre Ehe bringen, fehlt den beiden: gemeinsame Erinnerung, Familien, die das Paar in ihre Mitte nehmen und den Bund beschützen; sie kennt nicht seine Angehörigen, er kennt nicht die ihren. Auch werden sie nie zusammen ein Haus einrichten oder eine Wohnung, gemeinsam Besitz erwerben und sich im Wechsel von Vergnügen und Ruhe an einen Ort zurückziehen können, den sie beide gleichermaßen lieben. Die Geschenke, Teller, Töpfe, Bratpfannen, bleiben ungenutzt. Aber welchen in Rußland gerade erst Vermählten stehen, wie Duncan und Jessenin, Kontinente offen! Wer kann, wie diese beiden, hoffen, auf einen Höhepunkt des Lebens zuzusteuern!

Isadora entscheidet, im teuren «Adlon» abzusteigen. In den vergangenen zwei Jahrzehnten erhielt sie überall Spitzengagen; man schätzt, daß sie Millionärin ist. Jetzt kommt sie, immer noch ausreichend Dollar in der Tasche, zurück in eine ihr vertraute Luxuswelt, die sie besonders auf ihren Reisen mit Paris Singer kennengelernt hat. Sie stiegen in den vornehmen Hotels ab, wo sie die schönsten Appartements bezogen, Paris sie mit den erlesensten kulinarischen Genüssen vertraut machte, «und alles verneigte sich vor uns tief bis zur Erde», berichtet sie in ihren Memoiren.

Dagegen nun Sergej Alexandrowitsch aus dem russischen Dorf Konstantinowo, gewöhnt an Kwaß und Plinsen, vertraut mit schreienden Schnepfen im Wacholderdickicht, nicht aber mit jenen gefüllten Vögeln, die der Maître d'Hôtel, abgeschreckt mit Cognac, als besonderen Leckerbissen preist.

Isadora und Sergej in Berlin, 1922

Dagegen nun Serjosha, bar jeder Welterfahrung, zum erstenmal an diesem fremden Ort. Doch Isadora fühlt sich mit ihm ungleich glücklicher als mit «Lohengrin» auf seiner Luxusyacht. Sie hat Singers Rolle übernommen, führt Sergej in die große Welt ein.

Sie wußte, daß auch er Gefallen an dem Luxus finden würde. Aber sie dachte vor allem auch an den Künstler und hoffte, daß Berlin und später dann Paris für seine dichterische Laufbahn ähnlich bedeutsam werden könnten wie einst für sie als Tänzerin. Im Winter 1902/03 hatte sie erstmals in der Berliner Krolloper, begleitet von den Philharmonikern, getanzt und als «göttliche, heilige Isadora» ihren europäischen Ruhm begründet. Mit einem Rosenkranz auf dem gelösten Haar und dem Thyrsosstab in Händen, «leicht wie ein Hauch, schnell wie eine Welle, schwebend, fließend» (Hermann Bahr), hat sie den Tanz der Bacchantinnen auf den alten griechischen Vasen lebendig gemacht und war zu einem tänzerischen Symbol des Jugendstils geworden, zum Idol einer in Deutschland besonders populären Lebensreformbewegung, deren Anhänger, darin der Tänzerin verwandt, die Natur und «das Natürliche» anbeteten und für die Nacktheit schwärmten.

Dieses Berlin erscheint Isadora auch noch zwanzig Jahre später als der denkbar beste Ort, den Westen mit Sergejs Werk bekanntzumachen. Von überall her kommen Schriftsteller und Theaterleute, Musiker und bildende Künstler und erheben die Stadt zu einer Kunstmetropole von europäischem Rang. Für die zahllosen russischen Emigranten, die sich seit der Oktoberrevolution von 1917 hier versammelten, war sie nach einem Wort des russischen Philosophen Berdjajew die «westlichste Stadt des Ostens und die östlichste Stadt des Westens».

Inmitten dieser Jessenin fremden Stadt leben fast dreihunderttausend Russen: «Weiße», Anhänger des Zaren und der alten Ordnung, sowie «Rote», Anarchisten und Menschewiki, russische Sozialdemokraten, von denen manch einer schon vor dem Zaren geflüchtet war und, zurückgekehrt, gerade noch seine Haut vor den Bolschewiki hatte retten können. In Berlin tummelten sich Adlige und Abenteurer, entlassene Generale und enteignete Gutsbesitzer, arme Schlucker, engagierte Liberale und auch zwei Anwärter auf den Zarenthron. Im gleichen Jahr wie die Jessenins treffen in Berlin auch Philosophen, Nationalökonomen und andere Wissenschaftler ein, die, aus Sowjetrußland ausgewiesen, im Fall ihrer illegalen Rückkehr die Todesstrafe zu erwarten haben.

Für alle ist Berlin der geeignete Fluchtort in Europa. Seit der Inflation läßt es sich mit Valuta preiswert leben; sollten sich die politischen Zustände in der Heimat verändern, kann man auf dem schnellsten Weg zurück und bis dahin, jedenfalls zunächst noch, die Stadt als «Vorposten» gegen die Sowjets sehen.

Es gibt siebenundachtzig russische Verlage, zwanzig russische Buchläden und drei russische Tageszeitungen. Es existieren russische Schulen und Studentenheime, außerdem Hilfswerke, Flüchtlingslager, zahlreiche russische Teeläden und Lebensmittelgeschäfte sowie zwei Fußballmannschaften und sechs Banken. Und neuerdings, so registrieren die erstaunten und erschreckten Emigranten, gibt es Unter den Linden 7, nahe dem Brandenburger Tor, eine Sowjetbotschaft, denn Moskau und Berlin haben die Welt im Frühjahr 1922 mit dem Vertrag von Rapallo überrascht, mit dem die Aufnahme diplomatischer Beziehungen und gegenseitige Handelbegünstigungen festgeschrieben wurden. Die absolute Isolierung des Sowjetstaates durch den Westen hatte ausgerechnet Deutschland, das wichtigste Asylland der russischen Emigration, durchbrochen.

Es bleibt nicht aus, daß zwischen Jessenin und vielen Emigranten, die ihm in Berlin begegnen oder von ihm hören, Neid und Verdächtigungen entstehen. Liberale Intellektuelle, die aus Petrograd geflüchtet sind, haben nicht vergessen, daß dieser Dichter, der jetzt lauthals für die Revolution eintritt, zum Entsetzen aller Oppositionellen noch 1916 am Zarenhof empfangen worden war, der Zarenwitwe seine Gedichte vorgetragen und sie angeblich um die Erlaubnis gebeten hatte, ihr einen Gedichtzyklus zu widmen. Nach jenem Mönch und Abenteurer, der sich zu Beginn des zwanzigsten Jahrhunderts so großen Einfluß auf den Zarenhof verschaffen konnte, nennt man Sergej in diesen Kreisen den «sowjetischen Rasputin».

Doch vor allem empört der luxuriöse Lebenszuschnitt Jessenins in Berlin. Während manche Flüchtlinge seit ihrer Einweisung in die Barackenlager auf dem Tempelhofer Feld ohne Verbindungen und deutsche Freunde, angewiesen auf öffentliche Speisungen und aufgerieben im Kampf um Aufenthalts- und Arbeitserlaubnis den Absturz ins Nichts befürchten, wohnt ihr Landsmann – gleich hohen Diplomaten, allerlei Staatsgästen und Berühmtheiten – im «Adlon» am Pariser Platz und begibt sich vielleicht gerade zum mondänen Fünf-Uhr-Tanz-Tee in den verglasten Wintergarten.

Nein, Jessenin hat es nicht nötig, bedroht von Kündigung, mit den Inhaberinnen leicht verkommener Familienpensionen in «Charlottengrad» über Zimmerpreise, Mietrückstände, nächtliche Ruhestörung und seinen Alkoholkonsum zu streiten. Er muß sich nicht wie der einstige Advokat aus Petrograd und jetzige Taxifahrer an Bier und heiße Würstchen bei «Aschinger» gewöhnen, sondern kann zusammen mit seiner großzügigen Frau, die die Dollarscheine in der Tasche knüllt, in feinen russischen Restaurants dinieren und sich, bedient von einstigen zaristischen Offizieren, an Pasteten und Piroggen delektieren, an Borschtsch, Minzküchlein und Kaviar, um sich anschließend den Rest der Nacht in einer Bar zu amüsieren oder noch lieber in einem Transvestitenlokal mit Herren in kurzen Röckchen, weißen Schürzchen und dem rosa Band in der Perücke.

Nein, Jessenin steht nicht hinten in der Schlange auf den

Treppen und Fluren des Berliner Polizeipräsidiums, um, den mißbilligenden Blicken preußischer Beamter auf Staatenlose ausgesetzt, die Verlängerung der Aufenthaltsgenehmigung zu erbitten. Unbelastet von Scherereien und Schikanen nimmt er derweil seinen Anprobetermin bei einem der ersten Schneider wahr, der mit professionellem Blick auf Sergejs langen Rumpf und die im Verhältnis dazu kurzen Beine die Disproportion durch einen raffinierten Schnitt verdeckt. Der Dichter läßt sich nicht nur mit Anzügen aus den feinsten englischen Garnen ausstaffieren, sondern auch mit einem seidengefütterten Abendcape, das ihm, zusammen mit Zylinder, weißem Seidenschal, dem Stöckchen mit dem Silberknauf und der feinen Puderschicht auf dem Gesicht, den Habitus eines echten Dandys gibt – auch dies eine schon in Moskau erprobte Möglichkeit, gegen das verhaßte Bürgertum, jede Art von Gleichmacherei und Spießertum zu protestieren und zugleich Aufmerksamkeit zu erregen.

Angesichts des Aufzugs wie auch der Adresse dieses Landsmanns munkelt man in Emigrantenkreisen, der müsse von Moskau als Agent oder kommunistischer Agitator auf den Weg gebracht worden sein, obgleich doch diese Spezies weder im «Adlon» abzusteigen noch in seidengefütterten Abendcapes für die Weltrevolution zu werben pflegt.

Verächtlich blickt der Verdächtigte auf die, die ihm mißtrauen. «Da hau doch der Teufel drein», wird er an Marienhof schreiben, «verfault sind sie alle in den fünf Jahren Emigration. Wer in einer Gruft lebt, riecht nach Aas und Leiche.» Die Bolschewiki mögen ihre Fehler haben, aber ihre radikalen Gegner können ihn noch weniger überzeugen, und den Weg zurück will er sich auf keinen Fall versperren!

Immerhin, ganz ohne Einfluß sind auch die verhaßten Emigranten nicht. Jessenin schreibt es nicht zuletzt ihren Intrigen zu, daß seiner Frau und ihm als Sowjetbürgern die Visa für Frankreich und England zunächst verweigert werden. Erst nach der Einschaltung des Stellvertretenden Volkskommissars für Äußere Angelegenheiten, Maxim Litwinow, wird man ihnen einen Zwischenaufenthalt in Belgien und die Weiterreise nach Paris erlauben, allerdings nachdrücklich ermahnt, sich jeglicher bolschewistischen Propaganda zu enthalten – eine nicht unbegründete Ermahnung.

Schon einen Tag nach seiner Ankunft am 12. Mai kam Jessenin, wie offenbar vorher schon vereinbart worden war, ins Berliner «Haus der Künste». Dort traf sich jeweils freitags das «alte» und das «neue» Rußland zu Musikabenden, Lesungen und Diskussionen. Dort saßen, wie es Ilja Ehrenburg ausdrückt, die «Reinen» und die «Unreinen» noch an einem Tisch: russische Kommunisten und Anthroposophen, Futuristen und Mystiker, Bewunderer Lenins und Anhänger des ermordeten Zaren. Wenngleich nur noch für kurze Zeit wog die Zugehörigkeit zu einer gemeinsamen Sprache und Kultur schwerer als politische Gegnerschaft. Alles hing davon ab, diesen kleinsten gemeinsamen Nenner, der Russen in der Fremde noch verband, nicht durch Provokationen zu gefährden.

Doch an diesem Abend wurde der Kodex, auf den man sich stillschweigend geeinigt hatte, lärmend durchbrochen. Nach dem Begrüßungsapplaus für Jessenin rief ein junger Mann «Es lebe die Internationale!» – «Chantez là!» pflichtete Isadora bei, und Sergej unterstützte sie. Mißbilligende Pfiffe ertönten. «Nieder mit der Internationale!», rief ein Weißer, den Alexander Kussikow, ein von Moskau nach Berlin gekommener Imaginist und Dichterfreund Jessenins, am liebsten «wie einen jungen Hund» erschossen hätte. Jedenfalls, die Roten siegten, sangen aus vollen Kehlen, und Jessenin, der den Tumult genüßlich schürte, stieg auf einen Stuhl, um seine Gedichte vorzutragen.

Schon in den ersten Tagen seines Berliner Aufenthalts wird deutlich, daß Jessenin hauptsächlich die Verbindung mit solchen Autoren, Redaktionen und Verlagen sucht, die als Freunde Sowjetrußlands, nicht als Feinde gelten. Aus

Ankündigung einer Lesung mit russischen Dichtern
und Schriftstellern.

Moskau hat er ein sogenanntes Mandat der Regierung mitge-
bracht, das ihm während seines Aufenthalts im Ausland die
Unterstützung aller Repräsentanten der Sowjetmacht sichern soll.

Gleich nach seiner Ankunft besucht er die Redaktion der
von den Sowjets finanzierten Zeitung *Nakanune*, Sprach-
rohr jener im Ausland lebenden Russen, die, sicherlich ge-
steuert von der berüchtigten Geheimpolizei Tscheka, die Sowjetmacht anerkennen und sich um die Repatriierung von
Flüchtlingen bemühen. Bald nach dem Besuch kann die Zeitung von Gesprächen sowohl mit dem Dichter als auch mit
seiner Frau berichten, in denen beide ihre Bewunderung für
die Oktoberrevolution und ihre Verbundenheit mit dem
neuen Staat ausdrücken – und Isadora, wie es für sie bezeich-
nend ist, auch ihre Liebe zu Sergej.

Verantwortlich für das Feuilleton von *Nakanune* zeichnet Alexej Tolstoi. Dieser aus einer alten russischen Adelsfa-
milie stammende Autor breiter Historienepen hatte sich
während der Oktoberrevolution den «Weißen» angeschlossen und war nach Frankreich emigriert. Dort gelangte er
nach seinen eigenen Worten zu der allerdings von der Litera-
turgeschichte widerlegten Überzeugung, daß die Emigration
jeden Schriftsteller in zwei, drei Jahren um seinen künstlerischen Ausdruck, seine Stimme bringe, und bald darauf
sieht man ihn als Repräsentanten der Sowjetfreunde in Berlin. Nach diesem Frontwechsel wird er 1923 zurück nach
Moskau gehen.

Knapp eine Woche nach ihrer Ankunft werden die Jessenins zusammen mit Maxim Gorki von Graf und Gräfin Tolstoi in ihre Berliner Wohnung eingeladen. Die russische
Schriftstellerin Nina Berberova beschreibt den Gorki der
Berliner Jahre, den damals über fünfzigjährigen Verfasser
des *Nachtasyl*, als einen großen Menschen mit gebeugtem
Rücken und eingefallener Brust, einem gewaltigen, nach unten hängenden Schnauzbart, aufgeblähten Nasenflügeln und

durchdringenden blauen Augen. Obgleich seit langem mit Lenin bekannt, ja befreundet, stand er den Bolschewiki kritisch gegenüber, lehnte Zensur und Terror ab und versuchte immer wieder, gefährdeten Kollegen zu helfen. Jetzt, hier in Berlin, arbeitet er am letzten Band seiner dreiteiligen Autobiographie, die im Jahr darauf erscheinen wird.

Dieser Maxim Gorki kann wunderschön erzählen und zugleich zuhören, was bei guten Geschichtenerzählern selten ist. Besonders gern hört er Gedichte; ob von Puschkin oder weniger Begabten – sie rühren ihn zu Tränen. Und zu Tränen rührt ihn auch Sergej, als er an diesem Nachmittag mit bleichem Gesicht und glühenden Augen, mit heiserer Stimme und vollendeter Ausdruckskraft sein Poem *Pugatschow* vorträgt. «Nach diesen Versen mußte ich unwillkürlich denken», bemerkte Gorki später, «Sergej Jessenin sei gar kein Mensch, sondern ein von der Natur ausschließlich für Poesie erschaffenes Organ: um die unerschöpfliche ‹Trauer der Felder› zum Ausdruck zu bringen, die Liebe zu allem, was lebt auf Erden, und das Erbarmen, welches mehr als alles andere der Mensch verdient.» Gorki ist überzeugt, daß dieser Jessenin einer der besten russischen Dichter ist.

Wohlwollen und Sympathie gegenüber Jessenin, Mißgunst und Gehässigkeit gegenüber seiner Frau kennzeichnen Gorkis Haltung. Schon als er sie vor 1917 auf der Bühne sah, hatte er den Eindruck, «als friere diese halbnackte Frau ganz fürchterlich und rase so herum, um warm zu werden». Und jetzt, während ihres Tanzes in der engen Berliner Wohnung, findet er sie einfach widerlich. Ihr Gesicht: feist und unschön sieht es Gorki, ihr Körper: ganz verweichlicht und schwerfällig die Bewegungen. Isadora Duncan, das war für Maxim Gorki die «vollkommenste Verkörperung alles dessen», was dieser «knabenhafte, kleine, wunderbare Dichter aus Rjasan» «nicht brauchte».

Erst eine Woche war dieser «kleine, wunderbare Dichter» jetzt auf seiner großen Reise. Doch Gorki schildert ihn in seinen Erinnerungen an den Berliner Nachmittag als einen Unglücklichen, Zerrissenen, der herausfordernd und dann wieder unsicher, verlegen und argwöhnisch auf die Gesellschaft blickt, anscheinend «gegen die Menschen im allgemeinen feindselig gestimmt».

In unruhiger, finsterer Stimmung schlug Jessenin vor, noch irgendwohin zu gehen, und die Gesellschaft entscheidet sich für den erst vor wenigen Tagen wiedereröffneten Luna-Park am Halensee. Das Spektakel dort schien seine Laune aufzuheitern. «Vor dem runden Kiosk, in dem etwas Buntes kreiste und summte, blieb er stehen und fragte mich: ‹Meinen Sie, daß meine Gedichte notwendig sind? Überhaupt: – ist die Kunst, das heißt Poesie, notwendig?›»

Eine Antwort auf seine Frage wartete er jedoch nicht ab, und bald darauf erlebten ihn die anderen wieder launisch und zerstreut, mißmutig und finster. Von Anfang an, so scheint es, fühlte Sergej sich in Berlin nicht wohl.

Aber die glückverheißenden Fotos, die den knabenhaft-bäuerlich, zuweilen leicht geckenhaft wirkenden Sergej Kopf an Kopf mit seiner selig lächelnden, immer noch schönen Isadora in Berlin und später, zum Beispiel in Venedig, zeigen, sprechen doch dem Eindruck Gorkis hohn! Doch die Bilder des Glücks, der Harmonie sagen nichts über Jessenins Zustand und wenig über die gegenseitigen Gefühle und Schwierigkeiten während dieser Reise aus. Die beiden verstehen es nur allzu gut, sich so zu geben, wie sie gesehen werden wollen.

Die Wahrheit ist, daß Sergejs krankhaftes Mißtrauen, seine Einbildung, in den Zügen eines anderen Menschen boshaftes Lächeln und Herablassung zu sehen, sein ständiger Argwohn, gegen ihn werde systematisch intrigiert, und «Feinde» heckten arglistige Pläne gegen ihn aus, sich während dieser Reise noch verstärken, da er mit vielen, die ihm begegnen, nicht kommunizieren kann.

Die Wahrheit ist, daß auch Isadora in Berlin und anderswo

Der Schriftsteller Maxim Gorki, 1905, verhaftet, weil er die gescheiterte Revolution unterstützt hatte, reiste nach seiner Freilassung in die
Vereinigten Staaten und Großbritannien, wo er Lenin kennenlernte.
Von 1922 bis 1928 lebte er im Ausland, kehrte dann aber nach Moskau
zurück und wurde von Stalin mit Ehren überhäuft. Als er 1936 starb,
stand er praktisch unter Hausarrest.

unter der gleichen, zerstörerischen Eifersucht leidet, die sie schon in ihrem Verhältnis zu Gordon Craig so sehr peinigte, daß sie nachts nicht schlafen konnte. Vor ihren Augen stand das Bild des überaus Geliebten «in all seiner Schönheit in den Armen anderer Frauen», sie bestrickend und liebkosend und von ihnen «mit schmachtenden Augen» angestarrt.

Jetzt, auf der Reise mit Sergej, träumt sie nicht nur, sondern handelt auch. Findet sie Jessenin nicht zur rechten Zeit im Bett, entblödet sie sich nicht, sogleich bei Jeanne, der Zofe, anzuklopfen, die aus Moskau nachgekommen ist, und danach auch bei der jungen Polin, die sie in Wiesbaden als Dolmetscherin und Sekretärin engagiert hat. Es könnte ja doch sein, daß ihr Mann sie mit einer dieser beiden Frauen betrügt!

Sergejs Eifersucht wiederum richtet sich gleichermaßen gegen Lebende und Tote. Er weiß, wie sehr sie Deirdre und Patrick liebt, die Kinder von Craig und Singer. Beide ertranken in einem Auto, das bei einem Unfall in der Seine versank. Oft sitzt sie lange in einem Sessel und blickt versunken auf die Bilder der geliebten Kinder, deren Tod sie nie verwunden hat. Das macht ihn eifersüchtig. Und es erbost ihn, daß sie in einem ihrer großen Koffer die Briefe früherer Liebhaber mit sich führt.

Doch Isadora versteht es immer wieder, sich mit ihrem fordernden Wesen durchzusetzen. Am liebsten würde sie es sehen, wenn Jessenin hier, in diesen ihm so fremden Gegenden, nicht einen Augenblick von ihrer Seite wiche. Er wünscht sich Ruhe, Zeit, statt dessen rast sie mit ihm im Auto durch ganz Deutschland, um ihm Sehenswürdigkeiten zu zeigen, Freunde aufzusuchen und in Wiesbaden einen guten Arzt, der ihren Mann von seiner Trunksucht heilen soll. «Jeder Widerstand macht sie hysterisch», klagt Sergej.

Aber gerade das, was sie aus Eifersucht, Besitzanspruch und Sorge unbedingt verhindern will, beschwört sie herbei: Immer wieder bricht Jessenin aus. Einmal verschanzt er sich

Der Lunapark am Halensee.

mit seinem Freund Alexander Kussikow, einem hübschen Jungen, aber mittelmäßigen Dichter, nah dem Kurfürstendamm in einer kleinen Pension, um in Ruhe schlafen, trinken und schreiben zu können. Was dann geschah, schildert Alexej Tolstois Frau, die der Tänzerin allerdings wie Gorki nicht wohlgesinnt war:

«Isadora setzte sich in ihr Auto und suchte drei Tage lang alle Pensionen in Charlottenburg und am Kurfürstendamm ab. In der vierten Nacht fiel sie – eine Amazone mit der Reitpeitsche – in die stille Familienpension in der Uhlandstraße ein. Alles schlief. Nur Jessenin saß bei einer Flasche Bier im Pyjama im Eßzimmer und spielte Dame mit Kussikow. Um sie herum in den Vitrinen, auf den Konsolen mit den Spitzendeckchen schimmerten friedlich die Kaffeekannen, das Kaffeegeschirr, weiter oben Kristall, Vasen, Biergläser. Von der Decke herab, Kopf nach unten, zwei holzgeschnitzte Enten ... Stille und Gemütlichkeit mit dem Aroma von Zigarre und Kaffee hüllten dieses bürgerliche deutsche Nest ein – wie ein schützender Rauchvorhang gegen die Stürme und Unwetter draußen. Aber mit Isadora kam der Sturm.

Als Jessenin sie erblickte, wich er stumm zurück und versteckte sich im dunklen Korridor. Kussikow weckte die Wirtin, während im Eßzimmer das Pogrom begann. Isadora raste in ihrem roten Chiton durch das Zimmer wie ein Dämon der Zerstörung ... tobte so lange, bis es nichts mehr zu zerschlagen gab. Dann stieg sie über Scherben und Splitter hinaus auf den Flur und fand Jessenin hinter der Garderobe. ‹Quittez cet bordel immediatement›, sagte sie ruhig, ‹et suivez-moi.› Jessenin setzte seinen Zylinder auf, warf sich den Mantel über den Pyjama und folgte ihr schweigend. Kussikow blieb als Pfand zurück und mußte die Rechnung bestätigen. Diese Rechnung, die Isadora zwei Tage später in das Hotel gebracht wurde, war erschreckend.»

Auch später, in Venedig, setzt sich der Zweikampf fort. Isadora besteht darauf, daß Sergej das Hotel am Lido nur in

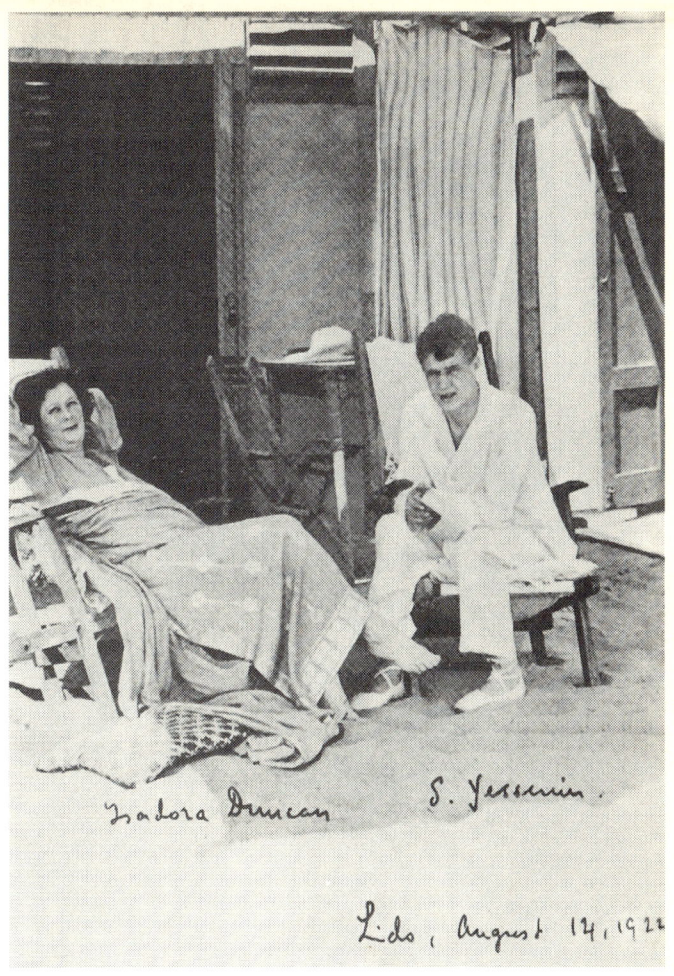

Isadora und Sergej in Venedig, August 1922.

Begleitung der Zofe oder Dolmetscherin verläßt. Mal geht er darauf ein, ein andermal weigert er sich, in Begleitung weg-zugehen, und grollt mit seiner Frau so lange, bis sie weint. Ein drittes Mal stiehlt er sich davon, wieder macht sich Isadora auf die Suche. Hat sie denn nicht Grund zur Sorge! Wie, wenn der geliebte Mann in von Bierdunst und Tabaksqualm erfüllten Schenken und Spelunken und ausgenommen von Kneipiers und Saufkumpanen sich schließlich so betrinkt, daß er nicht mehr weiß wohin!

Doch vor der Abfahrt von Venedig nach Paris besteht Ser-gej darauf, daß dieses Sklavendasein ein für allemal ein Ende haben müsse. Schließlich sei er nicht krank und auch kein Kind. Künftig will er seinen eigenen Schlüssel haben, kom-men und gehen, wann er will, spazierengehen oder auch mit anderen Frauen schlafen, wann immer es ihn danach gelüste. Andernfalls werde er zurück nach Rußland gehen. Was bleibt Isadora übrig, als zunächst einmal allem zuzustim-men, was er wünscht und will?

Nie kann sie sicher sein, wie er bei Konflikten reagiert: mal schuldbewußt, ergeben, mal mit einem furchterregenden Wutanfall. Dann verdunkelt sich plötzlich das helle Blau der Augen, der Körper bebt, die Adern schwellen an, er brüllt wie ein Berserker und zertrümmert, was ihm in die Hände kommt. Wegen irgendeiner Lappalie hat er einmal einem jungen Mann in Moskau den Bierpokal so heftig über den Kopf geschlagen, daß dieser schwer verletzt ins Krankenhaus gebracht werden wußte. «Und wenn er stirbt?» sorgten sich die Freunde. – «Ein Schweinehund weniger», antwortete un-gerührt Sergej.

Fassungslos sieht seine Frau dem Wüten zu, bringt sich zusammen mit anderen vor dem Tobenden in Sicherheit. Wo liegt die Erklärung für den zerstörerischen Wahn?

Fast immer hat er zuviel Alkohol getrunken. Und eben dieser, schreibt Jack London, der selbst ein großer Trinker war, verwandele selbst den harmlosesten, bescheidensten

Menschen. Er brülle, tobe, taumle und, von Tollheit über-
mannt, stürze er sich auf alles, was sich ihm entgegenstelle.

Isadora hält oft kräftig mit; auch sie trinkt viel zuviel
Cognac, Wodka und Champagner, säuft gestandene Männer
unter den Tisch, besonders seit sie Sergej kennt. Indessen, die
Tänzerin lebt dabei auf, wird heiter, ausgelassen, nicht an-
maßend und aggressiv. Der Alkohol weckt in ihr nicht den
Wunsch nach Selbstzerstörung; das unterscheidet sie von ihrem Mann.

Er ist ungleich unglücklicher als sie. Ihn peinigen Zweifel,
die seiner Dichtung, dem eigenen Vollkommenheitsan-
spruch gelten und die er mit so vielen Künstlern teilt. Der
Argwohn, nicht anerkannt zu werden, paart sich mit dem
Hochmut des Ungewöhnlichen, der Arroganz des Einzig-
artigen und verhindert jene Ausgeglichenheit, die Selbstbe-
wußte gar nicht auf den Gedanken kommen läßt, andere
könnten sie mißachten.

Jessenin aber hat Angst und muß anderen etwas vorma-
chen. Der Zornesausbruch soll Entschlossenheit vortäu-
schen; aus Schüchternheit wird er unverschämt. Dann wieder suchen ihn Selbstmitleid, Melancholie heim. Doch darf
ihn niemand schwach und hilflos sehen. Also wirft er sich
erneut in die schockierende Pose, spielt den Rowdy, Angeber
und Narren, quält andere, noch mehr vielleicht sich selbst
und flüchtet wieder in den Alkohol.

Alle, die Jessenins Weg in diesem Sommer 1922 kreuzen,
sehen ihm an, daß er ein Trinker ist. «Seine Lider waren ge-
schwollen», erinnerte sich Maxim Gorki, «das Weiße der
Augen entzündet, die Haut im Gesicht und am Halse war
grau, verblaßt ... Seine Hände waren unruhig und in den
Gelenken gelockert, wie die Hände eines Trommlers. Der
ganze Mensch war erregt und zerstreut.» Gepeinigt von der
Trunksucht wirkt er nervös, gehetzt und überspannt.

Kommt er von einer Zechtour ins Hotel zurück, wirft
er sich manchmal vor den Spiegel und schminkt sich die

Augenwimpern tiefschwarz, die Lippen grellrot. In Venedig hockt er sich in betrunkenem Zustand vor einen Frisiertisch, kämmt selbstverliebt sein blondes Haar, besprüht sich reichlich mit Parfum und tupft dick Puder aufs Gesicht: ein trauriger Pierrot, ein Bajazzo mit verzerrtem Lächeln, eine makabre, unglückliche Gestalt, die Schlaf und Vergessen sucht.

Tot ist der Mond.
Der Morgen vorm Fenster kommt grün.
Nacht, ach Nacht,
Was hast du verpfuscht und verschwiegen?
Ich steh im Zylinder,
Niemand ist bei mir…
Allein bin ich…
Und der zerschlagene Spiegel…

Isadora weiß, wie kaputt, wie krank Jessenin ist. Sie meint sogar, durch ähnliche Erfahrungen mit Craig und Singer, den früheren Liebhabern, vertraut zu sein mit Sergejs Leiden, und ist entschlossen, sie zu lindern.

Fühlt er sich einsam, braucht er das Gespräch mit einem Landsmann und Vertrauten – sie «engagiert» so einen kurzerhand als Sekretär. Hat er Freude daran, sich elegant zu kleiden – bitte sehr, er mag sich kaufen, was er will –, sie zahlt. Doch Geld reicht hier nicht aus.

Auch das weiß Isadora. Alles Gute, Liebe, was sie ihrem vor dem Ersten Weltkrieg zusammen mit seiner Schwester ertrunkenen kleinen Sohn nicht mehr schenken kann, das will sie Sergej, dem Abbild ihres kleinen Patrick, zukommen lassen, ihm verständnisvoll begegnen, ihn bemuttern und verwöhnen, ihm, wenn nötig, auch verzeihen. Was auch geschieht, auf ihre Loyalität soll Sergej sich verlassen können.

Unbeirrbar verteidigt Isadora ihren Mann. Er hat mal wieder randaliert? Nun ja, Sergej ist Russe. Sergej hat jemanden aufs schimpflichste beleidigt? Wie kann man das Genie an Maßstäben messen, die für Durchschnittsmenschen gelten mögen! Sie hat schwarze Flecken im Gesicht – hat ihr Mann sie wie so oft verprügelt? Ach wo, das kommt von zerlaufener Wimperntusche!

Aber der so in Schutz Genommene versteht die Verteidigungstiraden seiner Frau ja nicht einmal. Russische Wortbrocken, eine Art von Pidgin-Englisch, Zeichen, Blicke, Gesten dienen weiterhin als unvollkommene Verständigungsmittel. «Trink mit mir, du räudige Hündin» – das ist einer jener Sätze, die sie zu verstehen gelernt hat. Ab und an unternimmt er den verzweifelten Versuch, ihr Wort für Wort den Inhalt eines seiner Verse nahezubringen. Doch wenn sie überhaupt versteht – er weint über jene von ihm besungene Hündin, deren Hunde man ertränken will, sie weint über Deirdre und Patrick, die ertrunkenen Kinder. Ach, «die Weiber»!

Noch in der Nacht, spätestens am nächsten Tag wird er sich davonmachen und wieder trinken. Wo Jessenin auf dieser Reise auch immer hinkommt – Kneipen gibt es überall, Kaschemmen, Zechbuden, Schenken, wo der Mann fernab «der Weiber» unter Männern lebt, deren Männlichkeit des Rausches bedarf, der sie zu Kraftmeiern, Draufgängern und Haudegen macht – so lange, bis sie sturzbesoffen umfallen. Dann geben sie alles wieder preis, was ihrer Vorstellung von Männlichkeit entspricht, tapsen wie die blinden Tiere, lallen wie die Kinder, schwanken heim am Arme des Kumpans.

Mit Kumpanen hat Serjosha Moskaus Kneipen heimgesucht; ein paar um ihn herumscharwenzelnde Kumpane, wie zum Beispiel Kussikow mit der Gitarre, finden sich auch anderswo. Schwätzer und Schmarotzer! Mag schon sein, doch ein Kumpan wird einzig an seiner Verfügbarkeit gemessen.

In glücklichen Nächten mag sich dem Dichter ein Zecher seinesgleichen zugesellen, ein Bruder aus vergangenen o[...]

künftigen Tagen. Vielleicht der unsterbliche Rimbaud, umherirrend auf Sumatra, liebkost von Winden und den Wundern eines Sternenhimmels, Trost spendend dem aufgestörten Tier in seinem Bau. Oder Dylan Thomas, noch ein Kind, ein Bürschchen, und wie Serjosha glücklich nur als Kind in seinem Fischerdorf am «wallisch sprechenden Meer», doch, ähnlich wie der Russe, vertrieben aus dem Garten Eden – Grund genug, sich totzusaufen. Vielleicht spüren ja Menschen ihren Schmerz, vielleicht empfinden sie ja Mitleid mit den verrückten Vagabunden und Genies, wenn sie ihre Verse deklamieren und Beifall ihnen für eine Stunde den Wodka und den Scotch ersetzt.

Eine Bruderschaft sollten sie begründen, die Bruderschaft der trinkenden Dichter. Jack London müßte dazugehören und Edgar Allan Poe, der im Delirium starb, der trunksüchtige Francis Scott Fitzgerald mit seiner schönen Zelda und Joseph Roth, der Jude aus Galizien, auch er zunächst begeistert vom Roten Oktober, auch er den Lärm und die Kälte der Maschinen, das Diktat der Technik fürchtend. In einem denken sie alle gleich: Unmoralisch und verkommen sei dieses Jahrhundert, es lasse die Zornesadern schwellen und verführe dazu, aus Überdruß in Kneipen herumzuhocken und gelegentlich den starken Mann zu spielen: Verlierer in der Siegerpose.

Etwa fünf Monate reist Jessenin mit seiner Frau durch Westeuropa, durchquert die schönsten Landschaften zwischen Venetien und der Nordseeküste, hat die berühmtesten Kunstdenkmäler vor sich, den Dogenpalast und die Uffizien, das Straßburger Münster und das Pergamonmuseum, lebt in aufregenden Metropolen, besucht die Cafés von Montparnasse und schlendert am Seine-Ufer an den Ständen der Bouquinisten vorbei.

Paris! Der Duft der Seine-Stadt – wie unterscheidet er sich von Moskaus Düften? Sieht Jessenin Bäume oder Gräser, an die Türen gelehnte Reisigbesen, die Erinnerung an die Heimat wecken? Fällt das Licht hier anders in die Stadt?

Sergej Jessenin in Isadoras Haus in Paris.

Begeistert hat die junge Isadora zusammen mit ihrem Bruder zu Beginn des Jahrhunderts dieses Paris erobert, vom frühen Morgen bis in die Nacht hinein unterwegs, um die griechischen Sammlungen im Louvre, um Notre-Dame und Sacré-Cœur zu sehen, den Arc de Triomphe und die Gärten der Tuilerien. Ein paar Jahre später kam der junge Ehrenburg erstmals nach Paris und verliebte sich sogleich in die französische Kultur. Und Mitte der zwanziger Jahre wird sich Majakowski in «ehrliebender Aufmerksamkeit» und «zitternder Erwartung» der französischen Hauptstadt nähern, dort nach den neuesten literarischen Strömungen fahnden, Igor Strawinsky und die bekanntesten Maler in ihren Ateliers aufsuchen und «parteilich im Sinne des roten Oktober» die Pariser Lebensform beschreiben. Er wird durch die Straßen schlendern, danach trachtend, «das Gewirke des Pariser Tages zu begreifen», «die Ausmaße der Reichtümer zu bestimmen».

Dagegen nun Jessenin: er sieht nichts, hört nichts, vergleicht auch nicht, reist wie einer ohne Sinne und Gespür für Menschen, Landschaft, Kunst. Der Grund kann doch nicht sein, daß ihn alles, was außerhalb Rußlands vor sich geht, überhaupt nicht interessiert. Der gebildete Jessenin hatte sich, die Moskauer Sammlungen von Schtschukin und Morosow besuchend, mit Picassos Bildern beschäftigt, er hatte Verlaine und auch Rimbaud gelesen und sich lange schon gefreut, Paris zu sehen. Insofern erinnert er an jenen Autor und Theatermann aus Greenwich Village, über den Upton Sinclair schreibt, es sei sein Lebenstraum gewesen, Griechenland zu sehen. Und als er endlich den Gipfel des Parnaß in den Himmel ragen sah, wandte sich dieser George Cram Cook zu seiner Frau und schlug ihr vor: «Also komm, laß uns irgendwohin gehen und einen trinken.»

Kussikow hat erzählt, wie er Jessenin eine Woche lang bedrängte, mit ihm von Paris aus nach Versailles zu fahren. Schließlich gab Serjosha seinem Drängen nach, und die beiden zogen los. Auf halbem Weg lag ein Lokal. Jessenin erklärte, ihn quäle derartig der Hunger, daß sie einkehren müßten. Kaum hatten sie sich hingesetzt, begann er zu trinken und zu schimpfen und «trinkt und schimpft und schimpft und trinkt» in einem fort bis in die Nacht hinein. Dann fahren sie zurück. Nachdem er seinen Rausch ausgeschlafen hat, freut sich Jessenin immer noch, daß er die Fahrt nach Versailles erfolgreich verhindert hat.

Jack London hätte Sergej gut verstanden. In seinem autobiographischen Roman *König Alkohol* erzählt der Amerikaner, wie er als Seemann um die halbe Welt fuhr und jede Erwähnung irgendeines Teiles dieser Welt in ihm sogleich die Erinnerung an Trinken, Kneipen und Kumpane wachgerufen habe. Alles, was er von Japan sah, «waren die Hafenkneipen von Yokohama, Kneipen, die den Kneipen zu Hause oder sonstwo in der Welt sehr ähnlich sahen». Und sprach einer von London, so tauchten vor seinen Augen sogleich die vielen East-End-Stampen auf, und in seinen Ohren dröhnten laute Rufe: «Zwei Bittere!» und «Drei Whisky!» Bis Windsor kam Jack London nie.

Als der Herbst beginnt, muß Isadora Duncan einsehen, daß alle ihre mit der Europa-Reise verbundenen Hoffnungen sich zerschlagen haben. Die Vorstellung des Ehepaares, in Westeuropa die Bühne für den zu begründenden Weltruhm Sergejs vorzufinden, erweist sich als Illusion.

Gemessen an den ungünstigen Voraussetzungen, vor allem seiner Unkenntnis fremder Sprachen, konnte Jessenin mit seinen Erfolgen eigentlich ganz zufrieden sein. Er hatte als Dichter auf sich aufmerksam gemacht; in Berlin sowie auch in Paris erschienen Bände mit seinen Gedichten und Poemen, in französischer Übersetzung sowie im Original. Bei Kennern der zeitgenössischen russischen Literatur hatte er durch öffentliche Lesungen auch einen Ruf als hervorragender Rezitator seiner Werke gewonnen.

Aber gemessen an dem zwei Jahrzehnte zurückliegenden kometenhaften Aufstieg Isadoras in Europa und gemessen an ihrer beider Hoffnungen, die sie an die Reise geknüpft hatten, wird verständlich, daß Sergej enttäuscht und auch verbittert war und Isadora sich darüber grämte, den geliebten Mann nicht auch außerhalb der Grenzen seiner Heimat im Glorienschein des Ruhms zu sehen.

Sie wollte doch sein Glück und wußte, was ihm Ruhm bedeutete. Aber sie wollte auch ihr Glück, das der Mäzenin, der Mentorin, deren Schützling Dankbarkeit bezeigt, und vor allem das der Ehefrau, deren Ehemann durch Anhänglichkeit und ein wachsendes Gefühl der Zusammengehörigkeit ihren Anteil am Erfolg zu würdigen weiß.

Erst im folgenden Jahrzehnt, zwischen den frühen zwanziger und den frühen dreißiger Jahren, wird man in Westeuropa die Literatur, den Film, die Kunst des neuen Sowjetstaats entdecken, Reportagen, Erzählungen, Romane übersetzen und darüber heftig diskutieren. Jessenin war zu früh gekommen.

Und er fand sich nicht zurecht. Seiner Frau hatte sich das Westeuropa der Jahrhundertwende als ein Ort neuer Lebens- und künstlerischer Ausdrucksformen, der Aufgeschlossenheit für die Avantgarde geöffnet, als Laboratorium und Experimentierfeld der Moderne. Jessenin sieht es kritisch und verzerrt.

Anstelle lebendiger Menschen, erfüllt von Leidenschaften und Ideen, sieht er nur mampfende, pichelnde und räsonierende Spießer, deren Frauen Nippes sammeln und in den Fenstern Hyazinthenzwiebeln ziehen. «Auf die Kunst ist gepfiffen», Bücher werden nicht gebraucht. Alles wirkt furchterregend sauber, erschreckend aufgeräumt, abscheulich ordentlich, widerlich geregelt. Rasenflächen dürfen nicht betreten werden, und selbst die «Vöglein kacken nur mit Genehmigung und sitzen da, wo es ihnen gestattet ist». «Mein Gott, dieser Unflat, diese Einförmigkeit, diese geistige Armut – zum Kotzen! Das Herz schlägt, schlägt voll wildem Haß ...» Vierzehn Tage nach seiner Ankunft schreibt Jessenin aus Berlin: «Erst im Ausland begreife ich das große Verdienst der russischen Revolution, sie hat die Welt vor der Hoffnungslosigkeit des Spießertums gerettet.»

Jessenin peinigte das Gefühl der Fremdheit. Was soll ihm dieses Durcheinander von antiken Säulen und wilhelminischen Schlössern, buntgestreiften Strandkörben am Lido und Wachsfigurenkabinetten, Zypressen, Zuckerbäckereien, Panthéon und Bouquinisten an der Seine? Wie auch andere russische Dichter in der Fremde, zum Beispiel Isaak Babel einige Jahre später in Marseille und in Paris, sehnt er sich zurück nach Hause. Wie viele Emigranten plagt ihn Heimweh. Nachts in einer Gondel in Venedig erzählt er einer Frau, die seine Sprache spricht, wie er aufwuchs unter Bauern und Mönchen, und singt ihr Volkslieder aus seiner Heimat vor. Von der Lagunenstadt nimmt er nur den Gestank aus den Kanälen wahr. «Du mein Lieber, Allernächster, Vertrauter und Guter», klagt er Marienhof im Sommer, «wie sehr möchte ich weg von hier, von diesem schauderhaften Europa, zurück nach Rußland, zu unseren einstigen Jugendflegeleien und all unserem Übermut. Hier herrscht solche Langeweile ...»

Andere russische Schriftsteller, die sich längere Zeit in Deutschland aufgehalten haben, zum Beispiel der von Jessenin viele Jahre verehrte Andrej Bely, schließen nicht aus, daß die erstickte Revolution von 1918 wieder aufflammen wird. Doch Sergej sieht nur Zerfall, «diesen langsamen traurigen Untergang, von dem Spengler [in *Untergang des Abendlandes*] spricht». Leben? Friedhofsleben! Menschen? «Leichenwürmer», die in Särgen wohnen. «Revolution ist hier völlig ausgeschlossen ... Da rettet ... nur der Einfall solcher Barbaren wie wir. Not tut der Sturm auf Europa ...»

Hinweg, hinweg aus dieser Gruft!

Prinzgemahl einer
exzentrischen Prinzessin

Skandal in den USA

Russen kommen nur noch selten nach Amerika. Die dort leben, sind schon vor dem Weltkrieg eingewandert. Und jene,
die jetzt die Überfahrt erwägen, werden von erschwerten
Einwanderungsgesetzen und Schikanen gegenüber den Neu-
ankömmlingen ferngehalten. Weit verbreitet ist die Furcht
vor den «gottverdammten Bolschewiki». Seit der Oktoberrevolution gilt Rußland als das «Reich des Bösen»; man hat
Währungsbeschränkungen und ein Handelsembargo erlas-
sen und erkennt es diplomatisch auch nicht an. Des Sympa-
thisantentums Verdächtige sind Razzien und Verhaftungen
ausgesetzt.

So erklärt sich, was den Europaflüchtlingen Isadora und
Sergej an jenem 1. Oktober 1922 widerfährt, als sie mit dem
Luxusliner «SS Paris», aus Le Havre kommend, in New York
eintreffen. Ungewöhnlich lange und mit abschätzigen Blik-
ken prüft der Beamte ihre sowjetischen Pässe und entscheidet schließlich, daß sie nicht von Bord gehen dürfen. Ob man
ihnen die Einreise gestatten könne, das müsse einer speziel-
len Untersuchungskommission auf der Quarantäneinsel Ellis
Island überlassen bleiben.

Die beiden haben sich noch nicht von ihrem Schreck er-
holt, da wartet schon die nächste Überraschung. Scharen von
Fotografen, Kameraleuten und Reportern «laufen über
Deck, klappern mit den Apparaten, stricheln mit den Blei-
stiften und fragen, fragen, fragen». Gerade erst haben die

amerikanischen Medien unter dem Eindruck des jungen Films ein neues verkaufsträchtiges Thema, den Starkult, entdeckt. Und ein Paar wie dieses wäre selbst heute noch nach dem Geschmack der Boulevardpresse.

Allein die Lovestory ist Gold wert: Weltberühmte, nicht mehr junge, aber noch immer schöne Tänzerin kehrt mit einem sehr viel jüngeren attraktiven Russen in ihr Heimatland zurück. Es heißt, daß er ein Dichter sei, doch seine Verse kennt man hierzulande nicht, und vom Äußeren her könnte man ihn eher für einen durchtrainierten Footballstar halten, der, nach seinen Meinungen befragt, nur immer «Red, red, red» raunt und auch auf diese Weise Mißtrauen schürt. Könnten diese beiden, der Dichter und die Tänzerin, von den Roten losgeschickt worden sein, um sich in die Freiheitsfeste einzuschmuggeln?

Allerdings, wie ertappte Sünder wirken sie gerade nicht, eher wie ein Ehepaar auf Flitterwochen, jungverliebt und harmlos glücklich. Jessenin, im eleganten Reiseanzug, ausgeruht und ohne Alkohol im Blut, blickt amüsiert auf das Spektakel. Es gefällt ihm, zusammen mit seiner Frau im Mittelpunkt der Aufmerksamkeit zu stehen. In den Abendblättern registriert er wohlgefällig, wie ihn die Reporter sehen: als gutgebauten, braungebrannten Sportsmann, der hundert Yards in zehn Sekunden schaffen dürfte, noch viel jünger aussehend, als er ist, ein wenig schüchtern, doch gerade deshalb so sympathisch neben dieser attraktiven Tänzerin, die allein schon durch den Aufzug Eindruck macht.

Ist das eine Mata Hari im Dienst der Bolschewiki? Ihre Haare hat sie rot gefärbt, und über ihrem Kleid trägt sie ein modisches, an Kragen und Ärmeln mit Angora abgesetztes Kutschercape. Die Füße stecken in weichen roten Lederstiefeln.

Für die Freundschaft des russischen und des amerikanischen Volkes will Isadora in ihrer Heimat werben, und zwar als Künstlerin, als Mensch und ohne Auftrag. Und möglichst viele Amerikaner will sie davon überzeugen, was für ein Genie an ihrer Seite lebt. Stolz zeigt sie den Reportern die französische Ausgabe von Jessenins Gedichten: «Seht her! Einer der ganz Großen seit Puschkin!»

Eine Barkasse bringt das Paar am nächsten Morgen auf die Quarantäneinsel. Sergej wird, später in Moskau, von einem russischsprechenden Mann berichten, mißtrauisch und borniert, der ihn mit der Frage überfiel: «Glauben Sie an Gott?» und auf das «Ja» hin dann verlangte: «Sprechen Sie mir nach! ‹Im Namen unseres Herrn Jesus Christus gelobe ich, die reine Wahrheit zu sagen und niemandem Böses zu tun. Ich gelobe, mich an keinerlei politischen Unternehmungen zu beteiligen.›» Schriftlich mußte sich der Verdächtige verpflichten, in keinem Staat der USA die Internationale anzustimmen. Dann durfte er mit seiner Frau das Land betreten.

Ein unerfreulicher Beginn! Isadora schmerzt seit langem das Bewußtsein, in anderen Teilen der Welt anerkannter als in Amerika zu sein. Jedesmal, wenn sie aus der Ferne kommend, zu einer USA-Tournee aufbricht, hofft sie, endlich so empfangen zu werden, wie sie es anderswo gewöhnt ist. Doch an diesem Herbsttag 1922 hat sie erkennen müssen, daß ihre amerikanischen Staatsbürgerschaft mit der Annahme der russischen erloschen ist und sie in ihrer Heimat künftig als Ausländerin betrachtet wird, noch dazu als unerwünschte. Verbittert fährt Isadora mit ihrem Mann von Ellis Island in die Stadt.

Vom ersten Augenblick an wirkt «diese eiserne und granitene Macht» Amerika sehr verwirrend auf Sergej, unheimlich und zugleich auch faszinierend. In New York stehen keine Denkmäler mittelalterlicher Kunst, nicht Dome und schimmernde Paläste, sondern Wunderwerke aus Beton und Stahl, Kathedralen des Kapitalismus, Wolkenkratzer, Tower, Fabrikschlote und Tanks, die den Horizont verdecken und den Blick versperren auf die Sonne und den Mond – gigan-

Duncan und Jessenin bei ihrer Ankunft in New York,
Oktober 1922.

tisch wirkt die Riesenstadt. Und was für eine technische Vollkommenheit! Hoch wie ein Wolkenkratzer und dennoch schwebend: die erste Stahltrossen-Hängebrücke der Welt, die Brooklyn Bridge!

Von hier aus sieht man Panzerschiffe, nicht mit Booten, sondern mit Flugzeugen behängt, die sich von einer eigens dafür konstruierten Startvorrichtung in die Luft erheben; «beim Zurückkommen setzen sie auf dem Wasser auf, und die Panzerschiffe nehmen sie mit mächtigen Hebeln, Riesenarmen gleich, hoch und heben sie auf ihre eisernen Schultern». Jessenin hat es gesehen und beschrieben. Wie ein aus dem Rjasanschen Dorf direkt hierher verschlagener Bauer erlebt er dieses New York.

Alles hat Tempo, hat Rasanz. Eilig bewegen sich die Menschen in den Streets und Avenues, fluten in Scharen aus Doppeldeckerbussen, Hochbahnzügen und U-Bahn-Schächten: adrett gekleidete, gepflegte Kontoristinnen und Verkäuferinnen – in Moskau sieht man selten gutangezogene Frauen –, Geschäftsleute mit modischen Knickerbockers, flachen Filzhüten und Aktentaschen – Zivilisten, keine Milizen oder Funktionäre –, Kaugummi kauende Halbwüchsige, Kinderschwärme aus Chinatown. Aufgetürmt, halb fertig wirkt New York. Überall wird ausgeschachtet und gebaut; Parkplätze für Millionen von Privatautos entstehen.

Noch eindrucksvoller als am Tag wirkt die Stadt bei Nacht. Während den Moskauer Arbat spärliche Laternenreihen und das Licht des Mondes in ein schummriges Halbdunkel tauchen, gehen auf dem Broadway des Abends Millionen von Lichtern an, Scheinwerfer erstrahlen über den Gebäuden – so weit das Auge blickt, «ein Meer elektrischer Plakate. Hier, in der Höhe des zwanzigsten Stockwerks, schlägt ein aus Lämpchen gemachter Turner Purzelbäume. Dort, bei der dreißigsten Etage, raucht ein elektrischer Mister, eine elektrische Rauchfahne ausstoßend, die in verschiedene Ringe übergeht. Dem Theater gegenüber tanzt auf einem ro-

tierenden elektrischen Rad eine elektrische Terpsichore und
so weiter – alles von dieser Art bis zu der elektrischen Zeitung, deren Zeilen zur Linken über die zwanzigste oder fünf-
undzwanzigste Etage ununterbrochen bis zum Ende der
Nummer laufen ...» (Jessenin) Der Hooligan aus Moskau
liebt das bunte Schrille, den neuen, unbekannten Spaß und
das Kuriose.

Wie ein Kind, so meinte Isadoras amerikanischer Impresario, habe Jessenin auf die kapitalistische Welt reagiert. Vergnügt betrachtet er die Tätowierungsläden und Pfandhäuser
mit hölzernen Indianern vor der Tür, wirft ein paar Cents in
Automaten und schon sprudelt Kaffee in den Becher, öffnen
sich die Sandwich- und die Pudding-Boxen.

Wie armselig, wie karg wirken Rußlands Städte im Ver-
gleich zu diesem Warenangebot! In den großen Kaufhäu-
sern stapeln sich Reinigungsmittel und Orientteppiche;
Unterwäsche, Feuerzeuge, Spielzeug, Tausenderlei wird
feilgeboten. Ausrufer mit rauhen Stimmen preisen Rasier-
apparate, Küchengeräte und trommelnde Blechclowns an,
die man aufzieht. In dieser Wunderwarenwelt gab es alles,
was Serjoshas Herz begehrte: Seidenhemden, Kaschmir-
jacketts, Brieftaschen aus Juchtenleder, handgenähte engli-
sche Sportschuhe, modische Accessoires, Rasierwasser und
Herrendüfte ... Ein Kind? Ein Dandy vom Dorf. Ein Kom-
munist im Konsumrausch!

Sergej begeisterte der Komfort des Alltagslebens in den
Angeboten der Büffets und Restaurants, in den Wohnungs-
einrichtungen der Durchschnittsbürger, und hier im selbst-
verständlichen Besitz von Telefonen, Radios, elektrischen
Bügeleisen und Grammophonen, im Gebrauch von Gasöfen,
Klosetts mit Wasserspülung und elektrischer Beleuchtung.
Immer wieder wies Isadora, der dies alles selbstverständ-
lich war, Sergej darauf hin, daß alles in diesem seelenlosen
Lande vom Dollar und vom «business» abhänge, welche
Rolle Korruption, Gangs und Mafia spielten, wie wenig kul-

tiviert, ja kulturlos diese Welt doch sei. Gewiß, das sah er auch. Und doch – die Faszination war zunächst stärker als der Widerwille.

Am 7. Oktober startet Isadora mit einer gutbesuchten Vorstellung in der Carnegie Hall ihre neue USA-Tournee. Das Publikum ist begeistert. Zwei Wochen später kommt es in Boston zum Skandal. Die Duncan hat für ihren Auftritt ein durchsichtiges Kostüm gewählt, das zuweilen, bei heftigen Bewegungen, über ihre Schultern fällt. Gleichgültig, wieviel da nun zu sehen war – allein, daß die Tänzerin auf offener Bühne auch nur ihre nackten Beine zeigte, war im prüden puritanischen Neuengland immer noch unschicklich. Ballerinen trugen seidene Stümpfe, Tüllrock und Trikot.

Die einen empörten sich, diese Tänzerin verstoße schamlos gegen die primitivsten Anstandsregeln. Andere sahen durch Isadoras Korpulenz den Sinn für das Ästhetische verletzt. Beide hatte Isadora provozieren und mit ihrer Darstellung sowohl den Puritarismus wie auch den Antikommunismus treffen wollen. Am Ende der Vorstellung schwenkte sie ihren roten Seidenschal und schrie: «Der ist rot! So bin auch ich! Es ist die Farbe des Lebens und der Kraft! Auch ihr ward einmal wild! Laßt es nicht zu, daß sie euch zähmen!» Und dann unterteilte sie die Menschheit der Gesinnung nach in schwarze, nämlich schlechte Leute, in graue, nämlich stumpfe, und in rote, nämlich gute, freiheitsliebende, zu denen sie sich selber zählte. Natürlich klatschten nun die «Roten» und solche, die sich dafür hielten, abwartend verharrten die «Grauen», die «Schwarzen», soweit sie es bis dahin ausgehalten hatten, verließen protestierend den Saal. Der Ehemann der Künstlerin verfolgte von einer Loge aus den Aufruhr, und um ihn anzuheizen, schwenkte er eine rote Fahne und brachte Hochrufe auf die Bolschewiki aus. Nach einem zweiten Abend dieser Art verbot der Bürgermeister weitere Auftritte.

Isadora schäumte, genoß es aber, wieder in den Schlagzeilen zu sein. Sie habe Teile ihres Körpers sehen lassen? Gewiß! «Mein Körper ist der Tempel meiner Kunst!» Sie habe sich für Nacktheit ausgesprochen? Jawohl! «Nacktheit ist Wahrheit, Schönheit ... Darum kann sie nie vulgär, nie unmoralisch sein!» Sie habe die Menschen provozieren wollen? Oh, nein! Sie habe sie befreien wollen aus den Ketten, in denen der Puritanismus sie gefangenhalte!

Besorgt, Mrs. Duncans gerade erst begonnene Gastspielreise könne ein allzu schnelles, unerwünschtes Ende nehmen, gebietet nun der Impresario, Reden nach den Auftritten zu unterlassen. Widerwillig fügt sich Isadora. Aber Journalisten Interviews zu geben, ihre Botschaft über das Radio und die Presse zu verbreiten, das kann der Impresario nicht verbieten! Und als das Ehepaar von der Ostküste in den Mittleren Westen kommt, sammeln sich auch hier in den Hallen der großen Bahnhöfe Scharen von Reportern, um zu notieren, was ihnen die Tänzerin zu sagen hat. «Rußland! Kommunismus! Das bedeutet Dichtung, Tanz, Musik – und Freiheit!»

Isadora tanzt und redet, reist, redet und tanzt, bis sie schließlich Indianapolis erreicht. Hier ist Schluß! Der Bürgermeister, dieser Stiesel, postiert Polizisten im Parkett und auf der Bühne, die darüber wachen sollen, daß die Tänzerin «den Anstand wahrt» und sich nicht entblößt. Sollte dies jedoch geschehen, haben die Ordnungshüter Weisung, sie in einer grünen Minna aufs Revier zu bringen. Der Impresario entschließt sich, in San Francisco, an der Westküste geplante Vorstellungen abzusagen; der mit Isadoras Gastspielen verbundene Skandal zieht Kreise.

Zurück in New York, möchte Mrs. Duncan am Weihnachtsabend in einer Kirche «predigen» und tanzen. Das scheitert am Verbot des Bischofs. Dafür tritt Isadora in der Musikakademie von Brooklyn auf. Nach den ersten beiden Tänzen unterbricht sie plötzlich das Programm und erklärt dem Publikum, die berühmte französische Schauspielerin Sarah Bernhardt liege im Sterben. Ihr zu Ehren wolle sie den Trauermarsch tanzen. Abgang mit Applaus. Doch dann entsteht Verwirrung. Der Pianist weigert sich, nochmals zu erscheinen. Isadora versucht, ohne ihn zu tanzen. Das mißlingt, und sie verläßt die Bühne. Ratlos sitzt das Publikum auf seinen Plätzen. Sergej läuft umher, sucht seine Frau, kann sie nicht finden. Am nächsten Tag sieht sie sich genötigt, das abrupte Ende ihres Auftritts zu erklären. Schuld sei die Prohibition. Champagner, mit Äther oder anderem versetzt, habe sie aus dem Konzept gebracht ...

Ende des 19. Jahrhunderts war die junge Isadora nach New York gekommen, als Pantomimin aufgetreten und mit einer Schauspieltruppe tingelnd durch das Land gezogen, «stumpfsinnig und unwürdig meines Ehrgeizes und meiner Ideale». Während ihre Schwester Elizabeth Gedichte rezitierte und ihre Mutter sie auf dem Klavier begleitete, tanzte die Zwanzigjährige für ein erbärmliches Salär auf den Gesellschaften reicher Amerikaner, die sich amüsieren wollten und nichts von Kunst verstanden. Als Demütigung hatte sie diese Auftritte empfunden und sich eines Tages Genugtuung erhofft. In den USA wollte sie den krönenden Höhepunkt ihrer Karriere genießen. Damit war es nun vorbei.

Und doch: Die Jessenin-Duncans haben auf dieser Tournee auch ihren Spaß gehabt. Skandale zu entfachen, das macht Spaß, besonders, wenn man dafür so begabt ist wie die beiden. Sie besitzen genügend Leichtfertigkeit und Impulsivität, um die Gelegenheit, den richtigen Zeitpunkt für die improvisierte Provokation zu erkennen, «loszulegen» und ein neues Spektakel zu inszenieren. Ihre Meisterschaft in dieser Kunst ist in langjähriger Erfahrung erworben und von der Überzeugung getragen, daß ein Künstler, der Erfolg haben will, mit allen nur erdenkbaren Mitteln Aufmerksamkeit auf sich ziehen, ins Gerede, möglichst in die Schlagzeilen kommen muß und nicht müde werden darf, am Mythos seiner selbst zu zimmern. Diese Regel gilt unabhängig vom gesellschaftlichen System, im medienhungrigen Kapitalismus jedoch ist solch ein «marktgerechtes Verhalten» ganz besonders wichtig.

Allerdings, die Tänzerin und der Dichter sind Persönlichkeiten, deren vom Antibürgerlichen geprägte Überzeugungen und alltägliche Verhaltensweisen Spießer eo ipso als Skandal empfinden. Allein ihr Dasein provoziert. Daß Isadora sich das Recht herausnahm, ein Leben als emanzipierte Frau zu führen, daß sie glaubte, auf Sicherheit und geordnete Verhältnisse als höchstes Lebensziel verzichten, Glück mit wechselnden Liebhabern finden, Kinder gebären zu können, auch ohne verheiratet zu sein, war eine Kampfansage an das «juste milieu» des als wohlanständig geltenden Bürgertums. In diesen Kreisen galt eine solche Frau auch noch im 20. Jahrhundert als unmoralisch und verworfen, als nicht «gesellschaftsfähig».

Isadora und Sergej verweigerten sich nicht nur der Eingemeindung in dieses «juste milieu», sondern legten durch ihre Provokationen die Enge, die Banalität, die Verlogenheit, das Leblose dieser Welt bloß, die die eigenen Normen als das für alle Verbindliche, Gültige erklärte. Sie nahmen sich das Recht auf ein Dasein heraus, das ständig die Spielregeln verletzte, ein Leben in Unruhe, in ständiger Bewegung, das Recht auf Rebellion, auf Veränderung, auf das «Wilde», das Nichtgezähmte. Sie erklärten das Banale zum Skandalon, für verrückt, was sie für verrückt hielt. Und das hat etwas Erfrischendes.

Sicherlich fand sich das Paar in den USA auch durch jene skandalträchtige Bolschewikifurcht herausgefordert, die den Dichter und die Tänzerin in die Nähe «staatsgefährdender Elemente» stellte. Bei Isadora, die sich nie eingestehen wollte, welche Diskrepanz zwischen ihren Wunschvorstellungen und dem realen Kommunismus lag, paarte sich die

Lust an der tumultuösen Selbstverwirklichung auch noch mit einer verhängnisvollen Neigung zu missionieren. Ständig mußte sie Botschaften verkünden. Und so gefiel sie sich denn in den USA als Prophetin der Völkerverständigung, Friedensengel, Überbringerin von Heilsbotschaften. Das Resümee all dessen zieht ein kluger Beobachter zwei Jahre später im *Berliner Tageblatt*: «Indem sie glaubt, eine Mission zu erfüllen, erfüllt sie immer nur sich selbst.»

Und Sergej? Seine liebste Rolle im Dauertheater war die des ungebärdigen Rauhbeins, des unbezähmbaren Randalierers, des jungen Wilden. Seine Bauernschläue, auf die er stolz war, sagte ihm, daß ihm diese Rolle auf den Leib geschrieben sei und in der urbanen Welt der East- und West-Coast-Gesellschaft die nötige Aufmerksamkeit sichern würde. Sie ermöglichte ihm den ständigen Ausbruch aus der Alltagslangeweile, vor allem aber auch den Selbstbetrug. Seine Trunksucht ließ sich ausgeben als Rollenspiel, als das bewußte Sich-in-Szene-Setzen eines notorischen Randalierers, der sich einen Teufel um den bourgeoisen Anstand schert. Doch in Wahrheit trank er aus Gewohnheit und Verzweiflung, zumal ihm in Amerika ohnehin nur die Rolle des Statisten zufiel. Der Star war seine Frau.

Von Woche zu Woche wurde Jessenin bewußter, daß sich um ihn, den Dichter, niemand kümmerte. Er war nicht gefragt, alles drehte sich nur um Isadora. Niemand kannte seine Gedichte. In den Zeitungen erschienen Fotos «Isadora Duncan mit ihrem jungen Ehemann»; nicht einmal sein Name interessierte. Und das Jessenin, der in Moskau als der populärste unter den jungen Dichtern, als neuer Puschkin gilt und sich der Hoffnung hingegeben hatte, in Nordamerika auch internationalen Ruhm zu ernten! Und nun: Der erste Dichter Rußlands als Anhängsel der Tänzerin! Prinzgemahl einer exzentrischen Prinzessin! «Früher hat einen, ungeachtet aller in Rußland erfahrenen Entbehrungen, der Gedanke beflügelt, es gäbe ja immerhin das ‹Ausland›», schreibt Sergej verbittert an Marienhof, «nun aber, da ich es gesehen habe, bete ich zu Gott, mein Herz und meine Kunst möchten das überleben. Niemand braucht sie ... unsereins mag ruhig verhungern.»

Erschwerend kam bei Jessenin ein krankhaftes Mißtrauen hinzu, verstärkt durch seine Abneigung gegen «dieses verfluchte Anglitzki» und jede andere fremde Sprache; «wer sich mit mir unterhalten möchte, muß Russisch lernen».

Nach ihrer Rückkehr beklagte sich Isadora bei Tolja, Sergejs Freund: «Es war eine wahre Tragödie! Er meinte ständig, daß man über ihn lache oder spotte, ihn verhöhne. Und das bei seinem Stolz! Bei seiner krankhaften Eigenliebe ... Ein Bankett ... Wir werden geehrt. Reden, Gläserklingen ... Serjosha nimmt meinen Arm, seine Finger sind wie Eisenzangen ... ‹Isadora, nach Hause!› Ich habe ihm nie widersprochen ... Wir fuhren sofort ab ... Und kaum waren wir im Hotelzimmer – ich noch in Hut und Mantel –, da packte er mich an der Kehle und würgte mich, wie ein Othello ... ‹Die Wahrheit, Hündin! Sag die Wahrheit! Was hat dein amerikanisches Pack über mich gesagt?› Ich konnte nur noch röcheln. ‹Gutes haben sie gesagt, nur Gutes!› Aber er glaubte mir nie ... Ach, es war schrecklich ...»

Enttäuschung, Ärger und die Wut soll der Alkohol hinunterspülen. Immer noch besser, Trunkenbold als Prinzgemahl zu sein! Doch in Amerika herrscht die Prohibition. Seit 1920 werden die Herstellung und der Vertrieb von Alkohol, nicht der Genuß, schwer bestraft. Seitdem bringen Schmuggler Alkohol ins Land. Schwarzhändler vertreiben sogenannten Whisky, der aus abgezweigtem Industriealkohol, Karamel, Pflaumensaft und Kreosot heimlich hergestellt worden ist. Industriealkohol, in Badewannen versetzt mit Glyzerin sowie Wacholder, wird als Gin verkauft. Jährlich sterben Menschen an den Vergiftungen, die sie sich beim Genuß gepanschter Schnäpse zugezogen haben. Unter solchen Umständen muß ein Trinker die Gesundheit eines Elefanten haben.

Russische Einwanderer, Juden, die das Ehepaar in New York zu einer Party eingeladen haben, erleben Sergej als blindwütigen Berserker, der im Eifersuchtswahn, wie er bei Trinkern im Vorstadium des Delirium tremens häufig ist, mit geballten Fäusten auf seine vor den Gästen tanzende Frau losgeht, sie mit unflätigen Flüchen überschüttet, ihr die Kleider vom Leibe zu reißen versucht und droht, sie umzubringen.

Isadora wird in Sicherheit gebracht, doch ihr Mann tobt weiter. Sie, die ihn so nicht zum erstenmal erlebt, schlägt vor, kaltes Wasser über seinen Kopf zu gießen und, als das nichts nutzt, den Tobenden mit einer Wäscheleine zu fesseln. Jessenin wehrt sich heftig und schilt jene, die ihn beruhigen wollen, «verfluchte shiden», mit dem furchtbarsten Schimpfwort, das es im Russischen für Juden gibt. Einer der Beleidigten versetzt ihm eine Ohrfeige, daraufhin spuckt der Betrunkene ihm ins Gesicht.

Isadora bleibt über Nacht bei den Bekannten; wie Sergej in sein Hotelbett kommt, bleibt dunkel. Wieder halbwegs bei Sinnen, bittet der Zernirschte seinen Gastgeber, den jiddischen Dichter Braginski, ihm doch um Gottes willen zu verzeihen: «Und denken Sie nur nicht, ich hätte etwas Schlimmes tun oder jemand kränken wollen ... Was soll ich nur tun, mein lieber Monileib, mein teurer Monileib, mein guter Monileib!» Er sei krank, entschuldigt sich Jessenin, ähnlich wie einst Poe Epileptiker.

Freund, mein Freund
Ich bin krank, ich bin sehr, sehr krank.
Und ich weiß nicht, woher nur kommt dieses Weh.
Ist's, daß der Wind so singt
Überm leeren, menschlosen Land,
Oder entlaubt mir der Schnaps
Das Gehirn wie den Nußbaum der Schnee?

Isadora muß es nach solchen Anfällen mit Jessenin ähnlich ergangen sein wie fünfzig Jahre später der Schauspielerin Marina Vlady mit ihrem Ehemann, dem russischen Liedermacher Wladimir Wissozki: «Zwei Tage Gebrüll, Gestöhn, Flehen, Drohungen, zwei Tage ... Krämpfe, Erbrechen, stechende Kopfschmerzen ... Allmählich beruhigst du dich, schläfst plötzlich ein, ich bewache dich und muß dich oftmals wecken, weil du schreckliche Alpträume hast.» Die zweite Phase ist «die vielleicht noch schlimmere. Du nennst das den moralischen Kater. Du leidest nicht mehr körperlich, aber wenn du wieder bei Sinnen bist, ziehst du Bilanz. Sie ist oftmals fürchterlich ... Ich muß dich also beruhigen, über meinen Zorn hinwegkommen und dir verzeihen. Denn du schämst dich, und solange ich dich nicht in meine Arme genommen und wie ein Kind gewiegt habe, bist du untröstlich ...»

Diese unablässige Wachsamkeit der Ehefrauen von Trinkern, dieses unablässige Mahnen, diese ständigen Vorwürfe und am Ende das Verzeihen – manche solcher Ehen mögen dem standgehalten haben; bei Jessenin trug es sicherlich dazu bei, daß seine anfängliche Leidenschaft erkaltete.

Russen, die dem Paar in Berlin begegneten, teilten Gorkis Eindruck, die Tänzerin sei für den Dichter zum «Alpdruck» geworden, der ihn nicht mehr schrecke, aber quäle. Je mehr die Welt außerhalb Rußlands ihren Reiz für ihn verlor, um so mehr verblaßte auch der Reiz, den diese zunächst so exotisch wirkende Frau aus einer anderen Welt auf ihn ausgeübt hatte.

Die Liebe zwischen dem Dichter und der Tänzerin, dem Mann aus dem russischen Dorf und der Frau aus der amerikanischen Westküsten-Bohème, neigte sich dem Ende zu.

Wie viele russische Männer seiner Zeit dachte Jessenin geringschätzig von Frauen und fühlte sich ihnen überlegen. «Das Huhn ist kein Vogel – das Weib ist kein Mensch», heißt es in Boris Pilnjaks 1924 erschienenem Roman *Maschinen und Wölfe.* «Ist das Weib nicht auf dem Wagen, hat's das Pferd leichter. – Der Hund ist klüger als das Weib, bellt nicht seinen Herrn an.» In dieser Tradition war Jessenin aufgewachsen, und so verhielt er sich: oft kalt, gleichgültig und egoistisch gegenüber Frauen.

Vor dem Ersten Weltkrieg bekam eine junge Russin einen Sohn von ihm. Der anfangs zärtliche Mann und Vater verließ seine Anna schon nach einem Jahr. 1917 heiratete Jessenin die spätere Schauspielerin Sinaida Raich. Zwei Kinder wurden geboren. Und wieder gab sich Sergej für kurze Zeit zufrieden und glücklich, und wieder verließ er seine Frau. Nach der Geburt seines zweiten Sohnes – Sergej hatte Sinaida schon verlassen –, weigerte er sich, den Jungen überhaupt zu sehen, und als er seiner Frau auf einem Bahnhof, den Sohn im Arm, zufällig begegnete und Marienhof ihn drängte, doch wenigstens einen Blick auf sein Kind zu werfen, äußerte er nur: «Pu, schwarzhaarig! Schwarze Jessenins, so was ist schon mal ausgeschlossen.» Hatte Sinaida Raich ihn nicht belogen, als sie ihm am Anfang ihrer Ehe geschworen hatte, er sei ihr erster Mann! So etwas zu verzeihen erschien diesem dichtenden Muschik absolut unmöglich. Und als ihm später Wsewolod Meyerhold, der bekannte Moskauer Theaterregisseur, gestand, daß er Sinaida liebe und gern ihr Mann werden wolle, antwortete ihm Sergej übermütig: «Nimm sie dir, ich flehe dich an. Bis übers Grab raus will ich's dir danken.»

Manche, die ihn mehr flüchtig kennenlernten, wie zum Beispiel Ilja Ehrenburg, meinten, Jessenin sei ein unsteter Zigeuner, der sich vor der Seßhaftigkeit des Herzens fürchtete. Andere, die mit ihm befreundet waren, wie Marienhof, hielten dem entgegen, Jessenin, von so vielen bewundert und geliebt, habe selbst nicht lieben können.

Frauen, die über einen längeren Zeitraum Gefühle in ihm weckten und an die er sich lebenslang gebunden fühlte, waren weibliche Verwandte: hauptsächlich die Mutter, mit Unterbrechungen auch die Schwestern – Frauen mit üppi-

Sinaida Raich mit den Kindern Tatjana
und Konstantin Jessenin.

gen Brüsten und weichen Lippen, gutmütig und fleißig, nachgiebig und auch dann noch ergeben ihr Tagewerk verrichtend, wenn die Männer tranken oder schliefen. Die Mutter und die Schwestern bedachte er auch auf der Reise, schickte Schecks, Geschenke und fühlte sich als sorgender Sohn und Bruder.

Ungleich wichtiger als Frauen, die «nichts verstehen, nichts begreifen», waren für Jessenin Freunde und Kumpane. Einige homosexuelle Männer, vor allem der russische Bauerndichter Nikolai Kljujew, waren von ihm bezaubert: «Du bist wie eine Waldheckenrose», schrieb Kljujew an den Freund, «je wilder sie rauscht, desto mehr fallen die Blüten.» Biographen sprechen von Jessenins latenter Bisexualität. Aber in Serjoshas Herz war kein Platz für Menschenliebe. Es lebten darin Rußland, seine Landschaft, auch die Tiere, und die Dichtung. Mehr Liebe konnte es nicht fassen.

Dahindämmernd im schweren Rausch verschwimmt New York für ihn, und aus den Straßenschluchten wächst die Steppe, seine Landschaft und sein Rus. Am Times Square brechen aus dem grauen Asphalt Büschel korallenroter Ebereschen, das Dickicht von Holunderbüschen, Steppengras und Feuerkraut. Die Steinwüste fängt an zu blühen! Eine Verkehrsinsel verwandelt sich in einen Garten mit Reseda und Levkojen. Weithin leuchtet das Gelb der sich im Winde wiegenden Sonnenblumen; wie zu Hause in den Bauerngärten schwebt ein leises Flimmern in der Luft.

Die schnurgeraden Straßen krümmen sich zu Waldwegen, zu Pfaden, die durch Sümpfe führen und an deren Rändern bemooste Fichten wachsen. Über die Skyline von Manhattan zieht ein Kranichschwarm. Aus den Fenstern der Zementgiganten drängen Quecke und Storchenschnabel, auch Farnkrautbüschel und die blühende Kamille wollen ans Licht. Die abstoßende Häßlichkeit der nackten eisernen Feuertreppen überranken Waldreben und Heckenrosen.

Wsewolod Meyerhold, dessen Theater bis zur Einführung des Sozialistischen Realismus eine der führenden Bühnen in Moskau war. 1938
wurde es geschlossen, Meyerhold verhaftet. Er wurde gefoltert, zum
Tode verurteilt und 1940 erschossen.

Jetzt brüllt eine Kuh, und als hätten sie auf dieses Zeichen nur gewartet, brechen Tiere belebend in die Steppe ein. Maulesel und Ziegen meckern fröhlich, und ungebärdige Kälber springen in die Luft. Hinter dem Getier, hinter scheckigen Fohlen und Geflügelscharen, trottet ein alter Wolfshund, schnüffelt und wedelt mit dem Schwanz.

Als Sergej aus seiner Trunkenheit erwacht, rattern wieder die Preßlufthämmer in der Stadt. Straßenbahnen quietschen; Hochbahnzüge donnern über den Verkehr hinweg. Aber inmitten dieser betäubenden Höllenmusik hört er noch dicht an seinem Ohr das leise Schwirren und das weiche Trrr, mit dem ein Schwarm Feldhühner von der Steppe in den Horizont aufbricht. Und zwischen den glitzernden Wolkenkratzern aus Stahl, Glas und Zement duftet es immer noch nach feuchten Faulbeerbäumen, nach Sumpfgras und verbranntem Laub. Mögen andere Dichter unter Menschen ihre Musen finden – Sergejs Musen sind die mädchengleichen Birken und die seidenen Gräser, die Jahreszeiten in der Steppe und die flirrende Sonne über dem trägen Fluß.

Am 2. Februar 1923 gibt Isadora ihre letzte Vorstellung in New York. Der Erlös soll russischen Waisenkindern zugute kommen. Schon am nächsten Tag schifft sie sich mit Sergej und zwanzig Koffern nach Cherbourg ein. Noch einmal mag sich die Tänzerin daran erinnern, wie sie, jung und unbekannt, zum ersten Mal auf einem Viehtransporter mit zweihundert Rindern im Laderaum den Atlantik überquerte; stolz darauf, sich die Kosten für die Überfahrt bei reichen Damen zusammengeschnorrt zu haben, aber entnervt vom nächtelangen jammervollen Blöken des eingepferchten Viehs, der harten Pritsche und dem täglich aufgetischten Pökelfleisch. Jetzt hat sie für sich und ihren Mann auf der komfortablen «George Washington» gebucht, ausgestattet mit feinsten Kabinen, erstklassigen Restaurants und weitflächigen Aufenthalts- und Gesellschaftsräumen.

Was wissen die reichen First-Class-Passagiere von den vielen armen und hungernden Russen, von all jenen, in deren Katen zusammen mit den Menschen auf dem Stroh das Kalb schläft oder auch die Sau mit ihren Ferkeln? Aber während Jessenin immer noch geneigt ist, jenen in der Heimat zuzustimmen, die, wie etwa Trotzki, den «amerikanischen Bolschewismus» wollen, läßt seine Frau kein gutes Stück mehr an Amerika.

Temperamentvoll beschimpft sie es als ein Land, beherrscht von Banditen, bewohnt von Mammonsüchtigen, die für Geld alles machen, wenn nötig auch die Seele verkaufen.

O ja! In ihrem Herzen lebt noch immer ein anderes Amerika, jenes Utopia, das eines der Idole ihrer Jugend, der Dichter Walt Whitman, heraufbeschworen hatte:

Ich verkünde natürliche Menschen, die kommen werden,
Ich verkünde Triumph der Gerechtigkeit,
Ich verkünde unbestechliche Freiheit und Gleichheit,
Ich verkünde die Rechtfertigung von Reinheit und Stolz.

Nun, da der Verkünder lange unter der Erde lag, war sie, seine Schülerin, gekommen, «um die Menschen zu lehren, was Freiheit ist», um ihnen «wirkliche Kunst zu schenken». Und die? Die hatten nichts begriffen und die Prophetin mit gepanschtem Alkohol fast umgebracht. «Das war das letzte Mal, daß man mich in Amerika gesehen hat!» Isadora wird ihren Schwur einhalten.

«Hier bring ich
dieses Kind zurück»

Die Trennung

Zunächst sieht es so aus, als solle alles so weitergehen wie
bisher. Nach Paris zurückgekehrt, steigen Isadora und Sergej
im «Crillon» ab, dem altehrwürdigen, im klassizistischen Stil
erbauten, schloßähnlichen Hotel an der Place de la Con-
corde. Die Zimmer sind mit Kristalleuchtern, zartgelben Sei-
dentapeten, leicht verblaßten orientalischen Teppichen und
schweren Samtportieren ausgestattet. Und die Etagendie-
ner, in ihren mit Goldknöpfen verzierten schwarzen Samtgi-
lets, wirken so zeitlos distinguiert, als hätten sie schon Ninon
de Lenclos, der durch Bildung und Schönheit berühmten
Kurtisane, Champagner und am nächsten Morgen den Früh-
stückstee ans Bett gebracht.
    Aber auf den zweiten Blick fällt die Veränderung auf.
Während seines ersten gemeinsamen Aufenthalts in Westeuropa sowie auch in Amerika war das Paar von Menschen begleitet worden, die, von Isadora finanziert, als Dolmetscher
und Landsleute Sergejs diesem helfen sollten, mit seiner Frau
zu kommunizieren und sich in der fremden Welt zurechtzu-
finden. Ein russischer Schriftsteller namens Wetlugin hatte
die Jessenins nach Amerika begleitet. Hier in Paris fehlt ein
Helfer für Sergej. Jetzt braucht Isadora Unterstützung.
«Wenn Du mein Leben und meinen Verstand retten willst»,
hatte sie nach London ihrer Freundin Mary Desti telegra-
phiert, «empfang mich in Paris.» Und Mary, eine geschie-
dene Amerikanerin, die die Tänzerin erstmals vor gut zwan-

zig Jahren in Paris getroffen hatte, war gekommen und ins Zimmer neben den Jessenins eingezogen. Schon gleich nach ihrer Ankunft, in der Nacht vom 14. auf den 15. Februar 1923, zeigt sich, wie nötig Isadora einen Menschen hat, der ihr zur Seite steht.

Um Sergej mit Mary bekannt zu machen, essen die drei abends gemeinsam im Hotel. Jessenin trägt den Frauen einige seiner Gedichte vor; Mary ist beeindruckt von dem jungen Gott. Doch dem fehlt Alkohol. Was er braucht, hat seine Frau absichtlich nicht bestellt. Nervös rutscht er auf seinem Stuhl herum, entschuldigt sich, verläßt die beiden Damen. Einen Augenblick – er müsse Zigaretten holen! Noch einen Augenblick – nun fehlen Streichhölzer! Kommt er zurück, merkt man ihm an, daß er getrunken hat. Seine Hände zittern, er schließt die Augen, Schweißperlen auf der Stirn, sitzt er da und starrt die Wände an. Raus und rein, rein und raus – Isadora, einen neuen schweren Ausbruch fürchtend, begleitet Mary auf ihr Zimmer. Bald darauf hören die Frauen, wie der Betrunkene im Nebenzimmer tobt. Er zerschlägt Stühle, Spiegel, Lampen; die Polizei wird alarmiert. Doch noch bevor ihn vier Beamte überwältigen können, wirft er schwere Möbel aus dem Fenster, droht zu schießen. Zu dieser Zeit sind Mary und Isadora schon aus dem Hotel geflüchtet und suchen einen Arzt. Als dieser eintrifft, hat man Sergej schon aufs Polizeirevier gebracht. Später kommt er unter der Bedingung frei, Frankreich unverzüglich zu verlassen.

Spätestens nach dieser Nacht muß Isadora klar sein, daß die Trunksucht ihres Mannes nicht länger damit zu erklären ist, daß ein russischer Muschik gern mal über die Stränge schlägt oder ein Dichter im Rausch die Welt im neuen, helleren Licht erleben will. Jessenin hat die Fähigkeit verloren, sich selbst zu inszenieren; Sergej gehorcht nicht mehr Sergej. Ihn übermannen blanke Wut, Verzweiflung und der Hang zur Selbstzerstörung. Mit aller Kraft zeigt er, daß er mit seiner Kraft am Ende ist. Wie lange soll dieses Vagabundieren durch fremde Welten, von einer Luxusherberge zur nächsten, noch dauern? Wenn ihr Mann geheilt werden kann, muß Isadora ihn nach Hause bringen.

Doch wohin mit Sergej, der praktisch ausgewiesen worden ist? Und wie das Geld auftreiben, um den Schaden zu begleichen?

Isadora schickt Jessenin erst einmal nach Berlin; dort hat er Freunde, bei denen er bleiben kann, bis man weiteres beschlossen hat. Sicherheitshalber wird ihn Jeanne, die Zofe, begleiten. Aber woher das Geld für die zerschlagene Hoteleinrichtung nehmen? Isadora ist mal wieder pleite.

Sergej befindet sich noch im Polizeigewahrsam, da schlägt Mary Desti vor, doch einmal jenen geheimnisvollen, wohlverschlossenen Aktenkoffer in Augenschein zu nehmen, den Jessenin stets mit sich herumträgt und dessen Inhalt niemand kennt. Nach einigem Zögern öffnet Isadora ihn, und zu ihrer großen Überraschung findet sie den Koffer gefüllt mit Münzen und mit Scheinen; zweitausend Dollar zählen die Damen. Das reicht für die Schadensrechnung des Hotels und Sergejs Reise nach Berlin.

Zumindest in ihrem sorglosen Verhältnis zum Geld und Geldausgeben, so glaubten alle Freunde, schienen sich diese beiden so verschiedenen Menschen zu ähneln: Wenn Geld vorhanden ist, wird es mit vollen Händen ausgegeben, anspruchsvoll, verschwenderisch. Ist kein Geld vorhanden – auch gut, dann muß man sehen, woher neues kommt, wenn nötig pumpen, anschreiben lassen, aber doch nicht haushalten und sparen, womöglich gar ans Rückzahlen denken! Und jetzt zeigt sich, daß Jessenin, wenn es um «schnöden Mammon» ging, Isadora schamlos ausgenutzt hatte: Es war ausschließlich ihr Geld gewesen, das die beiden verjubelt hatten. Er hingegen hatte berechnend und verschlagen «sein» Geld zurückgelegt – übrigens auch heimlich allerlei Geschenke, zum Teil aus Isadoras Kleiderschatz, für seine Familie angesammelt. Sollte «die Alte» doch sehen, wo und wie sie neues Geld auftrieb.

Und noch in dieser Situation zeigt Isadora Großzügigkeit und unbedingte Loyalität, die Bereitschaft, ihrem kranken, verzweifelten und geliebten Sergej beizustehen, ihn zu verteidigen und ihm das Gefühl zu geben, daß er sich auf seine Frau verlassen könne.

Der Aktenkoffer, das versteckte Geld? Nein, hintergangen fühle sie sich nicht. Die empörte Freundin müsse das verstehen: Sergej, selbst immer herzlich unbemittelt, habe es verschwenderisch herumliegen sehen und beschlossen, einiges davon zurückzulegen – gewiß für jene, die es in Rußland nötig brauchten. «Armer kleiner Sergej. Ich bin sicher, er wußte gar nicht, worum es eigentlich ging.»

Doch vor allem mußte der geliebte Mann vor der amerikanischen Presse in Schutz genommen werden, die in großer Aufmachung über das Geschehen im «Crillon» berichtete. Jessenin habe sie mit Toilettengegenständen beworfen? «Dies ist nicht wahr!» Der Nachtportier kann es bezeugen! Jessenins Zerstörungswut sei mit seiner Trunksucht zu erklären? Auch das sei so nicht richtig! Sein unkontrolliertes Handeln sei auch die Folge eines «Bombenschocks» gewesen, den er im Krieg erlitten habe, eine Folge der schrecklichen Leiden und Entbehrungen, des Hungers in der Revolutionszeit sowie einer Blutvergiftung, hervorgerufen durch den mörderischen Prohibitions-Whisky in den USA. «Seien wir ehrlich, verdient der junge Dichter … nicht eher Tränen als Gelächter?»

Während Isadora, die sich mit ihrer Freundin nach Versailles zurückgezogen hat, nach all der Anspannung und Angst fiebernd in ihrem Hotelbett liegt und mehrmals täglich telegrafisch in Berlin anfragt, was ihr Sergej mache, genießt es dieser, endlich ungeteilte öffentliche Aufmerksamkeit zu finden. Er wohnt bei seinem Freund Kussikow und empfängt sogleich nach seiner Ankunft einen Reporter des Berliner 8 *Uhr-Abendblatt*. Unter der Überschrift «Lieber in Sibirien – als Gatte der Duncan zu sein» berichtet dieser, der junge Dichter, gegen seinen Willen von der amerikanischen Tänzerin aufs Standesamt geschleppt, habe seine Frau verlassen und froh, sie endlich los zu sein, sei er nach Berlin geflohen. Er wolle sie nie wiedersehen. «‹Sollte sie mir nach Moskau folgen›, ruft er aus, ‹*so fliehe ich nach Sibirien*. Rußland ist groß, und ich werde stets ein Plätzchen finden, wo diese schreckliche Frau mich nicht erreichen kann ... sie wollte stets Herrin über mich sein. Sie wollte mich als Sklaven behandeln ... Es war eine Hölle ... und jetzt fühle ich mich zum ersten Male seit den Tagen meiner Hochzeit wieder wohl ...›» Und als reiche das noch nicht, läßt Jessenin in irgendeinem anderen Blatt auch noch verlauten, seine Ehe mit der «wahnsinnig» geliebten Frau sei an ihrer unmäßigen Trinkerei zerbrochen.

Was ging in diesem Menschen vor? Wollte er einfach nur verletzen? Wollte er sich für die «konfiszierten» Dollar rächen? Schlug ein schwacher Mensch zurück, um sich von einem stärkeren zu befreien? Oder walteten hier einfach Roheit und Zynismus?

Wer angenommen hatte, Jessenin werde nun nach Moskau weiterreisen und sich scheiden lassen, irrte. Bereits am 28. Februar berichtete der *New York Herald*, Isadora Duncan habe einen langen Brief von ihrem Mann erhalten. Er bestreite, irgend etwas gegen sie gesagt zu haben, und versichere ihr seine Liebe und Bewunderung. Damit nicht genug: Jessenin telegrafierte seiner Frau, daß er sich umbringen werde, wenn sie nicht schnellstens zu ihm komme.

Und Isadora verhält sich so, wie man sie kennt: Sie pumpt irgendwelche Freunde oder Gönner an und eilt, von Sehnsucht und Liebe nach Sergej getrieben, mit Mary Desti nach Berlin – nein, nicht mit der Eisenbahn, in einem Auto mit Chauffeur. Jessenin erwartet sie am «Adlon». Und als der Wagen eintrifft, wirft er seinen Hut vor Freude in die Luft

Das Hotel Adlon

und springt jauchzend ins offene Auto, direkt in Isadoras Arme.

Da dem Paar, mit Blick auf das, was im «Hôtel de Crillon» geschehen ist, die Unterkunft im «Adlon» verweigert wird, bezieht es eine Suite im «Palast-Hotel» und beschließt, das Wiedersehen mit einem russischen Abend zu feiern. Erlesene Weine und die besten Wodka-Sorten werden herbeigeschafft, auch köstliche Horsd'œuvres, Suppen, Fleisch und Fisch – alles muß vom Feinsten sein.

Jessenin tritt den Gästen als glücklicher Ehemann entgegen, endlich vereint mit der geliebten Frau. Er kniet vor Isadora nieder und überschüttet sie mit Zärtlichkeiten. Man ißt und trinkt, begleitet von Balalaika-Tönen, Sergej rezitiert Gedichte, tanzt mit Isadora – und am Ende des Abends schlägt er wieder Gläser, Geschirr und Möbel kurz und klein. Am Morgen wird er vor die Tür gesetzt. Am Abend wiederholt sich das Spektakel in einem anderen Hotel.

Morgens sinkt der Zerrüttete in einen angstgequälten Schlaf, wird aufgeschreckt von kreischenden Stimmen, vom Flügelschlag das Bett umkreisender Riesenvögel. Mit Steinen beladene Wagen rumpeln durch den Raum. Ein Waldschrat will ihn packen. Ist das die Hölle? Der Gequälte versucht sich schlotternd, schmerzlich lallend zu erheben, um die Dämonen zu verscheuchen. Er taumelt, liegt stöhnend auf der Erde. Gibt es niemand, der das Teufelspack verjagt? Sergejs Gefährten aus der Bruderschaft der trinkenden Dichter haben solche Höllenqualen beschrieben.

Zerknirscht, mit hängenden Ohren und ins Leere starrenden Augen bittet der Zerschlagene Isadora später um Verzeihung. Könnten sie doch wenigstens in solchen Augenblicken einander ganz verstehen! So bleibt Sergej schließlich nur, durch Gesten, die Ehrerbietung und Höflichkeit ausdrücken sollen, durch den weichen Klang der Stimme um Liebe und Vertrauen zu bitten. «Verzeih. Du, verzeih.» Und die Teure nimmt den sich selbst bemitleidenden Trunkenbold in ihre

Arme und streicht dem melancholischen Säufer über seinen blonden Schopf. Immer wieder rät die Freundin, mit ihr nach Paris zu gehen oder zurückzukehren nach Moskau, in die Schule, Jessenin zu verlassen! Vergeblich! Isadora will bei Sergej bleiben! Sie zückt die Tasche, holt Geld heraus, begleicht, was es zu begleichen gibt – unbegreiflich, wie ihr das immer wieder möglich ist.

So vergehen die Tage. Gewalt und Zärtlichkeit, Beleidigungen und Reue, Schläge und Umarmungen wechseln einander ab.

Das Paar wohnt nun in einem billigen Hotel am Bahnhof Friedrichstraße, in dem vorwiegend Vertreter übernachten. Offenbar wußten weder sie noch er, was werden sollte. Einmal hieß es, sie wollten nach Afrika aufbrechen. Dann wieder erkundigte sich Isadora bei einem Berliner Journalisten, ob er Beziehungen nach Indien habe. Zwar könne sie nicht einmal die Hotelrechnung bezahlen, doch würde sie gern nach Indien gehen.

In der Friedrichstraße und auf der Weidendammbrücke wimmelte es von Prostituierten. Auf dem Alexanderplatz demonstrierten Arbeitslose, und in den Armenvierteln stürmten Verzweifelte Lebensmittelgeschäfte und Bäckereien. In den Bars am Tauentzien hingegen tummelten sich ausländische Spekulanten, die für hundert Dollar ganze Häuserreihen und Kunstschätze aufkauften. Für einen Dollar gab es bald zwei Millionen Mark. Bis zum Winter schnellten die Preise in Milliarden- und Billionenhöhe. Im November 1923 kostete ein Pfund Butter sechs Billionen Mark. Thomas Mann in München ernährte seine achtköpfige Familie von fünfundzwanzig Dollar, die er monatlich als Honorar aus Amerika erhielt. Er erlebte die Inflation «als eine Art von Zauberspuk», als Hexentanz, der zum Ende hin immer schneller, wilder, wüster wurde.

Es mutet wie ein Wunder an, daß die Stadt in diesen wilden Zeiten ihren Ruf erhalten konnte, eine Metropole der

Kunst, des Sprech- und des Musiktheaters sowie des jungen deutschen Films zu sein, ein Anziehungspunkt für große Maler, Bildhauer, Schauspieler und Dichter. Im «Romanischen Café» an der Gedächtniskirche oder im «Café des Westens» verkehrten Else Lasker-Schüler und Erich Mühsam, Otto Dix und George Grosz oder auch Herwarth Walden, der Herausgeber der Zeitschrift *Sturm*, vor dem Krieg das Forum der Expressionisten. In der neuen Galerie Lützowufer stellte der Kunsthändler Alfred Flechtheim die Arbeiten von Pablo Picasso, Georges Braque und Juan Gris aus. Bedeutende Regisseure wie Max Reinhardt und Erwin Piscator, Ernst Lubitsch und Fritz Lang inszenierten ihre berühmten Stummfilme. Die Königinnen der Leinwand hießen Henny Porten und Asta Nielsen, die Königinnen der Bühne Fritzi Massary und Elisabeth Bergner. Und in der «Scala» umjubelten die Berliner eine junge Frau aus Gelsenkirchen, die mit ihrer Schlagfertigkeit selbst die berühmte Berliner Schnauze übertraf: Claire Waldoff, die populäre Volkssängerin und Kabarettistin.

Anfang April verlassen die Jessenins Deutschland. Nicht nach Afrika, auch nicht nach Indien reisen die beiden, sondern nach Paris, wo Isadora das Mobiliar ihres Hauses Stück für Stück verkauft, damit sie genug zu essen und zu trinken haben. Sergej vergnügt sich derweil mit Pariser Huren, verprügelt seine Frau, macht Krawall. Wiederum muß die Polizei gerufen werden, wiederum erhält er den Bescheid, nicht länger in der Stadt erwünscht zu sein ... Es bleibt nur noch zurückzukehren, ein längst überfälliger Entschluß.

Nirgendwo auf dieser Reise hat Sergej sich wohl gefühlt. Mag in jenen Ländern, die er kennenlernte, vieles besser als in Rußland sein, manches großartig – die Bäume sind verkrüppelt und beschnitten, die Vögel können darin keine Nester bauen, und der Mensch darf nicht mal auf die Straße spucken. Was hat er in solchen Gegenden verloren? Ähnlich wie einst Gogol, der sich knapp hundert Jahre früher in

Deutschland und der Schweiz, in Paris und Rom auf-
hielt, ohne über seine Erlebnisse und Erfahrungen dort zu
schreiben, haben auch Jessenin die fremden Menschen und
Landschaften nicht zu Gedichten und Poemen inspiriert.
Vielmehr hat er in Berlin das «Moskau der Kneipen» im Gedicht heraufbeschworen. «Mit unlösbaren Ketten», hatte
Gogol zu seiner Zeit geschrieben, «bin ich an mein Land ge-
schmiedet, und unsere armselige, trübe Welt, unsere
schlechten Hütten und kahlen Ebenen würde ich dem
schönsten Himmelreich vorziehen, so freundlich es auch auf
mich hernniederschaut.» So empfindet auch Sergej.

Über den neuen Staat macht er sich nur noch wenig Illusionen. Dem Freund Kussikow hat er auf der Rückfahrt von
New York geschrieben, er habe «die verhurte Herablassung
der Mächtigen» in der Heimat satt. «Die haben doch in Moskau auch früher schon, als wir zu ihnen gingen, uns nicht
einmal einen Stuhl zum Sitzen angeboten … Ich verstehe
überhaupt nicht mehr, zu welcher Revolution ich gehört
habe. Ich sehe nur, daß es offenbar weder die Februar- noch
die Oktoberrevolution ist. In uns steckte und steckt so etwas
wie ein November.»

Aber die Mächtigen können entscheiden, ob dieser «Stief-
sohn», wie er sich selbst bezeichnet, zurück in seine Heimat
darf oder an der Grenze abgewiesen wird. Freunde warnen,
daß das geschehen könnte. Boris Pasternak und Alexej Tolstoi haben sich auf den Weg zurück gemacht. Andrej Bely
bereitet seine Heimkehr vor.

Am 3. August 1923 treffen auch Isadora und Sergej, diesmal mit dem Zug, in Moskau ein. Sie werden von den gleichen Personen willkommen geheißen, die sie vor über einem
Jahr verabschiedet haben, von Ilja Schneider, Duncans hilf-
reichem Geist in der Pretschistenka, und Irma, die seine Frau
geworden ist. Sie hatte während Isadoras Abwesenheit die
Schülerinnen unterrichtet und in den vorangegangenen Monaten einige recht erfolgreiche Tanzabende gegeben.

Isadora ist gerade erst aus dem Abteil gestiegen, da wendet sie sich auch schon Ilja Schneider zu und bemerkt auf deutsch, damit es Sergej nicht versteht: «Hier bringe ich dieses Kind in sein Vaterland zurück, aber ich habe nichts mehr mit ihm zu tun.» Sie hatte diesem Kind die Welt zeigen wollen, es hatte sie nicht sehen wollen (und die Welt nicht sein Genie). Sie hatte ihre Liebe retten wollen, auch das war fehlgeschlagen. Eine vernichtende Bilanz.

Doch zunächst wird «das Kind» erst einmal mitgenommen, sowohl in die Pretschistenka, denn es hat ja keine andere Bleibe, als auch nach Litwinow, einem in der Nähe der Hauptstadt gelegenen Dorf, in dem die Duncan-Schülerinnen im Sommer leben. Für die Fahrt dorthin hat Schneider, dieser kommunistische Beschaffungskünstler, sogar ein Auto aufgetrieben.

Erinnern sich die Zurückgekehrten im schäbigen Grau der Straßen des knallig Bunten, der Farbenpracht New Yorks? Es herrscht hier in Moskau ein so stumpfes, tristes Grau, daß es selbst das Blau des Sommerhimmels, das Gold der Kirchenkuppeln und das Rot der Fahnen und Transparente zu verschlucken droht. Rußland «fehlt noch das heitere Weiß, das die Farbe der Zivilisation ist ... Ihm fehlt der helle Frohsinn, den nur eine alte, formvollendete Welt hervorbringt, niemals eine werdende. Ihm fehlt die Leichtigkeit, die ein Kind des Überflusses ist. Hier sieht man nur Not oder Notwendiges ...» So wird es Joseph Roth in seinen Reportagen aus den zwanziger Jahren beschreiben.

Farblos wirken auch die Menschen in Kleidern ohne Chic, braunen und grauen Hemden, gleichfarbenen Schiebermützen. Jedermann wirkt beschäftigt und sorgenbeschwert. «Es wird organisiert, es wird gespart, es wird eine Kampagne eröffnet, eine Resolution gefaßt, eine Delegation erwartet, eine Delegation begleitet, es wird einer ausgeschlossen, ein anderer aufgenommen, es wird gesammelt, abgeliefert, gestempelt – es wird, es wird, es wird!»

Als der Wagen durch die Stadtrandsiedlungen aufs offene Land hinausfährt, reckt Sergej den Hals: Die Birken sind noch da, kleine Katen mit blühenden Vorgärten, und auf den Weiden grasen Kühe. «Kühe», ruft er, ohne den Blick zu wenden. «Kühe! Na, was wäre, wenn es keine Kühe gäbe? Ohne Kühe gäbe es keine Dörfer, und ohne Dörfer ist Rußland überhaupt nicht vorstellbar!» Kaum hält es ihn in Litwinow. Er drängt zurück nach Moskau. Dichten wird er wieder, leben! «Jetzt aber, o Genossen», so wieder Joseph Roth, «ist die Zeit der nützlichen, disziplinierten Mäßigkeit angebrochen! Dieses Rußland hat keine Genies nötig und schon gar nicht Literaten. Es braucht Volksschullehrer dringender als kühne Theoretiker, es braucht eher Ingenieure als Erfinder … es braucht Fabriken und keine Dichter …» Jessenin braucht Rußland. Aber braucht Rußland auch Jessenin noch?

Nach seiner Heimkehr beginnt er sich Schritt für Schritt von allem zu trennen, was ihm einst lieb und teuer war. Das ist ein langer, schmerzhafter Prozeß, auch im Blick auf Isadora, auch wenn es ihm längst zuwider war, mit «dieser gealterten, modernisierten Venus von Milo» an einem Tisch zu sitzen und «kaltes Hammelfleisch mit Senf und Salz zu essen».

Zurück im Palais der Balaschowa, hätte es nun eigentlich an ihr gelegen, Sergej mitzuteilen, daß sie nichts mehr mit ihm zu tun haben wolle und er sich eine andere Bleibe suchen müsse. Das tut sie aber nicht, duldet ihn weiter in der Pretschistenka. Und er verhält sich so wie im vorangegangenen Jahr; verschwindet Tage, Nächte, niemand weiß wohin.

Jetzt handelt seine Frau. Weil es so nicht weitergehen kann, beschließt sie, mit Irma in den Kaukasus zu reisen. Während die Frauen ihre Koffer packen, erscheint Sergej; er will sich saubere Hemden und Toilettengegenstände für den nächsten Ausflug holen. Isadora stellt ihm ein Ultimatum: Sollte er noch einmal fortbleiben, bedeute das die Trennung.

Auf Isadoras Drohung antwortet er mit Liebesschwüren. Ja, natürlich, gerne komme er ihr auf der angesagten Reise nach! Kurz bevor der Südexpreß mit den beiden Frauen die Stadt verläßt, eilt Sergej herbei, um am Zug adieu zu sagen und noch einmal zu versichern, daß er nachkommen werde. Isadora winkt mit ihrem langen Schal so lange aus dem Zugabteil, bis ihr Mann nicht mehr zu sehen ist. Die letzte Chance, sich im guten zu trennen, ist vertan.

Von unterwegs wird die Jessenina Telegramme schicken: «I love you – Isadora!» Sie entschließt sich, Gastspiele zu geben, hofft vor jedem Aufbruch in die nächste Stadt, daß Sergej sie dort erwarten werde. Doch es wartet nur ein Brief von ihm, er sei leider zu beschäftigt. Wieder antwortet sie mit einem telegrafischen Liebesschwur. Nicht im Kaukasus, erst auf der Krim, in Jalta, werde er zu ihr stoßen, redet sie sich ein. Statt dessen erhält sie ein Telegramm von einer gewissen Galina Benislawskaja: «Keine Briefe und Telegramme mehr an Jessenin senden. Er ist bei mir. Zu Ihnen kommt er nicht zurück.» Sarkastisch drahtet Duncan ihrem Mann, da habe sich vermutlich Sergejs Hausangestellte an sie gewandt und er möge doch erklären, was es damit auf sich habe. «Liebe eine andere. Bin verheiratet und glücklich. Jessenin», lautet die unwahre Erklärung.

Als Isadora im Oktober zurück nach Moskau kommt, hat sich Sergej aus Angst vor ihr davongemacht. Bald darauf beginnt die Wintersaison der Moskauer Theater, und Isadora wird eingeladen, zur Eröffnung zu tanzen. Während der Vorstellung erscheint Jessenin hinter der Bühne. Isadora hat gerade Tschaikowskys *Slawischen Tanz* beendet und sich vor dem Publikum verneigt, da erblickt sie ihn in den Kulissen. «O Liebling!» Ihre nackten Arme umschlingen seinen Kopf, und er küßt sie zärtlich.

Man beschließt, zusammen mit Freunden in der Pretschistenka zu Abend zu essen, und Sergej bittet, seine Schwester Katja mitnehmen zu dürfen, eine begnadete Sängerin, deren

Vortrag Isadora unbedingt hören müsse. Gut, gut, an diesem glücklichen Abend kann Sergej sich wünschen, was er will.

Man ißt, man trinkt, und Katja singt. Alle applaudieren. Doch jene Ergriffenheit, die Sergej offenbar erwartet hatte, stellt sich bei niemand ein. Trinkend und vor sich hin brütend, sitzt der enttäuschte Bruder da, springt auf, schlägt mit der Faust auf den Tisch und will gehen. Da fällt sein Blick auf die Vitrine, auf der eine von seinem Freund Konenkow modellierte Büste von ihm steht. Er greift sich einen Stuhl, klettert unsicher hinauf und streckt die Hand nach dieser Büste aus. Er balanciert, er schwankt und fällt schließlich mit der Büste auf den Boden. Erschreckt und schweigend sehen die anderen zu. Dann läuft Sergej aus dem Zimmer in das Erdgeschoß, rüttelt an der verschlossenen Eingangstür, springt schließlich mit der Büste durch ein Fenster und läuft mit ihr im Arm davon – ein Abgang wie von Gogol oder Tschechow ausgedacht.

Als Jessenin noch ruhelos durch fremde Länder reiste, prophezeite Leo Trotzki: «Zurückkehren wird er nicht mehr als der gleiche», und er sollte recht behalten.

Äußerlich, in seinem Aufzug, wirkte Sergej ungleich dandyhafter und auch eleganter, als er zurück nach Moskau kam. Er trug Anzüge aus feinsten Stoffen und geschneidert nach der letzten Mode, weiche graue Jacketts, in deren Brusttaschen ein teurer Füllfederhalter steckte, vornehme weiße Lederschuhe und einen milchkaffeebraunen Hut mit einer verwegenen Krempe. Manchmal, in Moskauer Restaurants, sprach er russisch mit amerikanischem Akzent.

Doch seine Freunde sahen in sein aufgedunsenes Gesicht mit blutunterlaufenen Augen, schweren Lidern und tiefen Falten um den Mund, und sie wußten, daß dieser vom Trunk Gezeichnete nicht mehr ihr fröhlicher Serjosha war. Die Bewegungen hatten das Kraftvolle und Geschmeidige verloren, der Körper war zusammengefallen. Es fiel ihm schwer, sich im Gespräch zu konzentrieren. Manchmal wirkte er geistesabwesend, dann wieder sprach er hastig, sprang von einem Thema auf das nächste und beendete die Sätze nicht. Unvermittelt brauste er auf, um kurz darauf in sich zusammenzusinken. Einem unheimlich wirkenden Heiterkeitsausbruch folgte langes melancholisches Schweigen. Die Freunde waren sich einig: Ihr Serjosha wirkte krank, verstört, gebrochen. «Eine unzerreißbare Finsternis hatte sich vor sein krankes Bewußtsein gehängt», schrieb Marienhof.

Doch mochte seine Gesundheit auch gelitten und seine Psyche sich verdunkelt haben, der Heimkehrer stürzte sich mit wahrem Feuereifer in die literarische Arbeit, verfaßte einen Bericht über seine Amerika-Erfahrungen, der in der Regierungszeitung *Iswestija* veröffentlicht wurde, und setzte die Arbeit an dem Poem *Der Mann in Schwarz* fort. Allerdings, Sergejs Absicht, einen Almanach der Bauernschriftsteller und eine eigene Zeitschrift in einem eigenen Verlag herauszubringen, kam übers Planen nicht hinaus.

Nach Lesungen in Moskau trat Jessenin im April 1924 erstmals wieder in Petrograd auf, das nach dem Tode Lenins im Januar 1924 in Leningrad umbenannt worden war. Wieder zog er das Publikum in seinen Bann, wieder jubelten ihm die Menschen zu. Wladimir Tschernjawski, der Freund aus frühen Petrograder Tagen, hat den Abend beschrieben: «Er las wunderbar, hinreißend selbstvergessen. Und je länger er las, desto schärfer, desto schneidender empfand man die schmerzliche Veränderung, die in seiner Poesie und in ihm selbst vor sich gegangen war. Die ‹lyrische Erregung›, die in den früheren Jahren als Jugendträumerei und Übermut aufblitzte und brodelte, die Herausforderung an die Welt, die in den Revolutionstagen im Ausbruch gesunder Kräfte so gereift war und Kraft gewonnen hatte – das war jetzt verdunkelt und quälend überdeckt durch die Bitterkeit eines Gehetztseins. Jetzt war es die wilde Verzweiflung, die unendliche Zärtlichkeit in seinen Versen, die die Herzen aufwühlte, und die hemmungslose Enschlossenheit, sein Recht auf seine Trauer, auf seine Poesie, auf seinen Untergang zu verteidigen – mit Fäusten, bis aufs Blut.»

Im September 1924 fuhr Jessenin für mehrere Monate in den Kaukasus. Hier entstanden einige seiner schönsten Gedichte.

Schagane, du mein Glück, Schagane!
Doch gewiß, weil vom Norden ich komme,
lieb ich reifende Fluren im Sommer
und im Mondenschein Roggen und Klee.
Schagane, du mein Glück, Schagane.

Doch gewiß, weil vom Norden ich komme,
wo der Mond ist so groß wie ein Faß.
Mag es herrlich auch sein in Schiras,
mein Rjasan ist viel schöner im Sommer.
Doch gewiß, weil vom Norden ich komme.

Schagane, du mein Glück, Schagane!
Eine andre, dort oben, im Norden –
sie ist ähnlich dir sehr –, ob sie dorten
an mich denkt noch bei Sturmwind und Schnee?
Schagane, du mein Glück, Schagane.

Isadora packt derweil die Koffer. «Eine andre, dort oben, im Norden», damit ist nicht sie gemeint. Sergej hat sich anderen Frauen zugewandt.

Später einmal wird er beteuern, in seinem Leben nur zwei Frauen geliebt zu haben: Sinaida Raich und die schöne, liebe- und verständnisvolle Isadora Duncan mit ihrer «russischen Seele». Überzeugender wirkt ein anderes Bekenntnis: Er, Jessenin, habe leidenschaftliche Gefühle für Isadora aufgebracht – ein ganzes Jahr lang, dann seien sie erloschen. Doch blieb er bis zu seinem Tode überzeugt, daß diese Frau, wo immer sie auch sei, auf seinen Wink herbeieilen werde, um alles das zu tun, was er nur wolle.

Bald nach ihrer Rückkehr hatte die Regierung der Tänzerin erneut bedeutet, sie müsse nun endlich selber sehen, wie die Schule dauerhaft zu finanzieren sei; staatliche Hilfe sei nicht zu erwarten. Daraufhin hatte Isadora die nötigen Gelder durch Tourneen beschaffen wollen. Zunächst ließ sich das gut an. Gastspiele im ersten Halbjahr 1924, und zwar in Charkow, Kiew und anderen Städten der Ukraine, hatten ihr Mut gemacht. Doch eine größere Tournee zusammen mit Irma, fünfzehn Schülerinnen und einem Symphonieorchester im Sommer 1924 endete mit einem Fiasko. Die Einnahmen konnten die Kosten nicht annähernd decken. Das Ensemble mußte zurückgeschickt werden. Nur in Begleitung eines Pianisten und eines Mannes, zuständig für das organisatorische Drum und Dran, reiste die Tänzerin weiter, von einer Katastrophe in die nächste stolpernd. Mal fehlte es an einer angemessenen, halbwegs komfortablen Unterkunft, dann wieder gab es weit und breit kein Restaurant, ganz zu schweigen von einem Frisör, der die Haare der Berühmten vor dem Auftritt richten konnte. Verzweifelt wanderte das Trio durch die tristen Straßen trister Städte; enttäuscht, erschöpft kam es zurück. Nach diesem Fehlschlag entschloß sich Isadora, ein Angebot aus Deutschland anzunehmen.

Der September ist ausgefüllt mit Abschiedsvorstellungen in Moskau, unter anderem im Bolschoi-Theater. Vor den Führern der Kommunistischen Partei sowie viertausend geladenen Genossen und Jungen Pionieren tanzt sie noch einmal die Internationale und alle jene Lieder, die ein altes und ein junges Bolschewikenherz ergriffen. Und wieder springen die Genossen von den Sitzen, und wieder singen sie begeistert mit – aber keiner rückt auch nur eine einzige Kopeke für ein revolutionäres Tanztheater raus, dessen Begründerin den neuen Menschen schaffen helfen wollte. Agitation,

auch in tänzerischer Form, galt als Pflichtfach der Partei-
arbeit.

Schmerzlich zerronnen sind ihre Illusionen, als Isadora
Duncan drei Jahre nach ihrer Ankunft wieder die Fokker
Richtung Königsberg besteigt. Ähnlich wie einst in Griechenland, mit Blick auf die Antike, hatte sie im roten Rußland eine Schule einem Tempel gleich errichten wollen, eine
Heimstatt ihrer Kunst und zugleich eine Bildungsstätte des
von Körperzwängen und Konventionen befreiten Menschen.

Zwar wird sie auch in den nächsten Jahren immer wieder
für den 1924 verstorbenen Lenin schwärmen und für die
längst verstaatlichte Revolution, doch in Wahrheit verläßt
sie das verheißene Land ernüchtert und enttäuscht. Für ihre
Begriffe hatten die Bolschewiki mit dem Alten nicht konse-
quent genug gebrochen, sondern zuviel übernommen: ein
traditionelles Kunstverständnis und den schlechten Geschmack der Bourgeoisie, auch die bürgerliche Doppelmoral
und Vorurteile gegenüber Minderheiten und Außenseitern
konserviert. Mief lag in den roten Ecken, Spießigkeit bestimmte Funktionärsvergnügen und deren Lebensstil. Doch
ungleich schmerzlicher als den halb freiwilligen, halb er-
zwungenen Auszug aus dem erhofften Paradies empfand
Isadora den Abschied von ihrer letzten großen Liebe, von
Sergej.

«Ich hatte immer auf jenes Erlebnis gewartet», wird Isadora in ihren Memoiren schreiben, «das ein gutes Ende nehmen und ewig dauern müßte», ganz wie ein Kino-Happy-
end. Doch wartete sie ein Leben lang vergeblich. Alle ihre
Liebesgeschichten fanden ein trauriges Ende, und jene Männer, die sie am stärksten liebte, bereiteten ihr den größten
Schmerz. Der strahlende jugendliche Held der Budapester
Bühne, Oscar Baregi, den Isadora am Anfang ihrer Karriere
kennenlernte und «Romeo» nannte, der bedeutende Bühnenbildner Gordon Craig, mit dem sie durch Europa reiste,
und Sergej Jessenin – alle drei verließen Isadora, weil sie de-

ren Vorstellungen von rückhaltloser Liebe, auch ihren naiven Besitzanspruch nicht mit dem künstlerischen Anspruch an sich selbst in Einklang bringen konnten. Nie kam die Tänzerin auf den Gedanken, der Liebe wegen ihre Kunst zurückzustellen. Im Gegenteil, sie hoffte, daß ihre Liebhaber das täten. Auch Jessenin zeigte sich der Doppelrolle des Liebhabers und Lyrikers, des Dorfpoeten und Duncan-Gatten nicht gewachsen.

Auch scheiterte ihre Ehe an den nicht aufhebbaren Gegensätzen zwischen beiden. Sein krankhafter Argwohn stieß sich an ihrer Unvoreingenommenheit. Ihre Spontaneität und Improvisationskunst prallte ab an seiner Bauernschläue und Berechnung. Das Quicke, das Vitale seiner Frau, das Zupackende, ihr Lebensmut nervten, provozierten ihn, erweckten ein Gefühl der Unterlegenheit, das ihm Frauen gegenüber unerträglich war. Sie repräsentierte die Urbanität der Neuen Welt, er die heimatliche ländliche Idylle.

Diese beiden Künstler, Außenseiter und Exzentriker von hohen Graden, beherrschten nicht die Spielregeln, die der Liebe Dauer verleihen. Dazu gehören Toleranz und Nachsicht, sich gegenseitig Freiheit lassen und da, wo die Leidenschaften schwinden, Freundschaft einzubringen. Sie wollten das Unvereinbare vereinen: Sie träumten jeder von seiner Kunst *und* dem Glück zu zweit, von Ruhm *und* Frieden. Zusammen ist das nicht zu haben.

Isadora Duncan und Sergej Jessenin konnten nicht miteinander glücklich werden. Aber konnte es einer ohne den anderen?

«Nun leb wohl, mein Freund»

Die letzten Jahre

Wohin Sergej auf seiner Reise in den Westen auch gekommen war, überall hatte er von Mütterchen Rußland geträumt, von der Geborgenheit in ihrem Schoß. Überall hatte er sich nach ihren Söhnen und Töchtern, ihrer großen Familie gesehnt, zu der auch er gehörte. Da gab es manch verwandte Seele, warmherzig und gefühlvoll, aber auch egoistisch, kalt und grob, sich gerne selbstbespiegelnd und zugleich auf Zugehörigkeit, Gemeinschaft angewiesen, zärtlich und zügellos, Menschen zugetan und, in Selbstmitleid versinkend, von ihnen abgekehrt.

Und was so wichtig für Serjosha war: Trinken, so hatte Mütterchen bestimmt, gehörte für ihre Söhne von Kindheit an zum Leben und vor allem zu einem «richtigen Mann». Darum verachtete auch niemand Trinker, sondern reichte dem torkelnden, verwirrten Säufer brüderlich die Hand und schleppte ihn, wenn nötig, nach Hause in sein Bett.

Doch wie die Dinge lagen, konnte auch Mütterchen Rußland niemand helfen, der sich mit den Herren im Kreml nicht verstand. Das war so unter den Zaren gewesen, das war auch so im Sowjetreich. Jessenin wußte das, und er bemühte sich um Anpassung und Loyalität.

Ich will hier Sänger sein
Und guter Bürger,
Für jeden Beispiel,

Stolz und echter Sohn:
Kein in die Ehe eingebrachtes
Ziehkind
Den Großen Staaten der Sowjetunion.

Sergej besang Lenin und den Roten Oktober, aber als
«Künstler der Revolution» und als ihren Genossen erkannten
die Bolschewiki ihn auch weiterhin nicht an. Nach einer
Definition von Trotzki wurde er, ähnlich wie Boris Pasternak, Andrej Bely oder Boris Pilnjak, als künstlerischer «Weg-
gefährte» eingestuft. Solche «Weggefährten» mußten zwar
zuweilen den Spott der Mächtigen erdulden und sich be-
schimpfen lassen, aber sie genossen doch Vertrauenskredit.

Um dem gerecht zu werden, gewiß auch aus Überzeugung, äußerte Jessenin nach seiner Rückkehr, er begreife nun
viel besser, wie notwendig es sei, Rußland aus seiner Rück-
ständigkeit und Armut zu befreien. Deshalb sei er in den
kommunistischen Aufbau geradezu verliebt. «Mag ich den
Kommunisten als Romantiker in meinen Gedichten auch
nicht nahe sein – ich bin ihnen geistig nahe und hoffe, daß ich
ihnen, vielleicht, auch in meinem Schaffen nahe sein werde.»

Doch je länger er wieder zu Hause war, desto deutlicher
erkannte er, von welchen Menschen das Leben im Sowjetstaat bestimmt wurde: Oft waren es brave, mittelmäßige
Dogmatiker, Karrieristen mit gekrümmten Rücken. Von denen erwärmte sich keiner für die Probleme der Menschheit,
in deren Köpfen zündete keine weltbewegende Idee, und
auch ihre Herzen blieben kalt. An die Stelle des roten Terrors
war «der dumpfe, stille, schwarze, der Tintenterror der Bü-
rokratie getreten» (Joseph Roth).

«Wir wollten», schrieb Ilja Ehrenburg, zurückblickend auf
sein Leben, «daß in der neuen Welt auch für einige sehr alte
Dinge Platz wäre: für die Schönheit, die Liebe, die Kunst.»
Doch Literaturpolizisten, «Revolutionsfeldwebel» in der
Arena der Literatur, wie sie Jessenin nannte, lehrten bald,

daß auch Sonne, Mond und Sterne der konterrevolutionären Tätigkeit verdächtigt werden können, und überprüften anhand der lyrischen Beschreibung eines sonnigen Septembermorgens, ob der Autor der Parteilinie entsprach. Nein, das war nicht Sergejs Welt.

Der Dorfpoet gehört ins Dorf! Dort liegen seine Wurzeln, von dorther kommt die Kraft!

Aber ähnlich wie in seinem Verhältnis zu Frauen und zur Revolution schwankten seine Gefühle und sein Verhalten auch im Blick aufs Dorf und die Familie zwischen Verklärung und Verachtung, Enthusiasmus und Enttäuschung.

Ist er in Moskau oder Petrograd, verzehrt sich Sergej in Erinnerungen an die heile Welt der Kindheit, an ein Konstantinowo, bewohnt von treuherzigen und gütigen Bauersleuten, armen, anspruchslosen Menschen, die ihr Kohlbeet hinterm Hause pflegen, abends in den mit Stroh bedeckten Katen alte Lieder singen, mit den Tieren wie mit ihresgleichen sprechen, Kühe auf die Weide treiben, über sich den weiten Steppenhimmel – ein Paradies, bestimmt von Harmonie und Poesie. Besucht er dann sein Heimatdorf, ist diese simple Heiligsprechung des einfachen Lebens schnell vergessen. Schon am nächsten Tag spricht er von Wieder-wegfahren-Wollen, packt am übernächsten seine Koffer, fährt nach drei Tagen wieder fort. Das reale Dorf langweilt und die Armut ängstigt ihn. Er liebt ein Traumdorf, nicht die Wirklichkeit.

«Aufs Land! Nein, nein, nur nicht aufs Land», wird er noch kurz vor seinem Tod verbittert einem Bekannten klagen. «Ach, wenn du nur wüßtest, was für ein primitives, stumpfsinniges und niederträchtiges Volk das ist, diese Bauern ... Ach, wie ich sie hasse, diese ... Fratzen. Wie recht hatte Lenin, als er dieses ganze habsüchtige Bauerngesindel in die Knie zwang. Wie liebe ich Lenin dafür und verbeuge mich vor ihm.»

Ganz ähnlich das Verhältnis zur Familie. So wie Zärtlichkeit und Kälte gegenüber Isadora wechselten, so auch Fürsorge und Roheit gegenüber den Eltern und Geschwistern. Heute ist Sergej ganz von der Idee besessen, aus Katja, der geliebten Schwester, eine berühmte Sängerin zu machen, morgen schimpft er sie ein «Miststück», das ihm nicht mehr «unter die Augen kommen» soll. Heute sind die Eltern ihm die nächsten Menschen, die Mutter eine Hilfe, Freude – morgen beschwert er sich über diese gierigen und stumpfsinnigen Leute, die in ihm, dem Dichter, nur die Kuh sehen, die man melkt.

Was bleibt? Wo findet der Entwurzelte noch Halt? Wen liebt Sergej?

Noch und noch träum bis heute ich immer
von unsrer Wiese, von Feld und Wald,
von dem tristen, nördlichen Himmel,
mit dem Grau von Zwilch übermalt.

Kraniche lernte ich lieben, die grauen,
die in hungrige Weiten schrein,
weil es kein nährendes Korn gab zu schauen
in den endlosen Länderein:

Nichts als krumme Weidengebüsche,
Birken, und Blumen dann und wann;
dafür gabs gellende Räuberpfiffe –
Pfiffe, an denen man sterben kann.

Dich, mein Land, nicht zu lieben – soviel ich
mich auch mühte: was war, das blieb,
auch unter diesem billigen Zwillich,
Fluren der Heimat, seid ihr mir lieb.

In diese Idylle bricht der kommunistische Aufbau, die Industrialisierung, ein. Zuerst begegnet Serjosha ihr in Moskau.

«Hörst du die Wolkenkratzer wachsen?» fragt er einen Freund. «Genauso wie in Amerika, genauso verflucht und mörderisch.» Dann wachsen um die Hauptstadt Fabriken aus Eisen, Stahl und Stein. Schlote rauchen, Dynamomaschinen erzeugen helleres Licht, als es die Sonne spenden kann, Sirenen heulen, Rauch, Ruß, Feuer, Lärm, das Heulen, Klirren, Kreischen, Knirschen des Eisens erfüllt die Luft, Martinsöfen arbeiten, Stahlgießereien, hydraulische Pressen. «Kommunismus, das ist Sowjetmacht plus Elektrifizierung des ganzen Landes», hatte Lenin verkündet.

Von den Städten aus erobern Ingenieure, Techniker und Proletarier mit Maschinen und Traktoren das Land. Boris Pilnjak wird mit seinem 1924 erschienenen Roman *Maschinen und Wölfe* zum eindrucksvollen Chronisten dieser gewaltsamen Umwandlung Rußlands in ein Industrieland werden:

«Höre, – welch eine Stille! ... Du schläfst? – Höre genau hin! ... Hörst du? hörst du, wie in diesen brausenden Schneesturm, in dieses pockennarbige, blutige, in Feuersbrünsten lodernde, verwegene, räuberische Rußland ohne Staatlichkeit sich jemandes schwarze Hand eingemischt, verkrallt hat, eine Hand, hart und stählern wie eine Maschine, die Hand des Staates, – fünf krampfhaft zusammengepreßte Finger, schwarz, verrußt, – sie hat Rußland, und den russischen Schneesturm, und den Bauern an die Kandare genommen, bis zur Heiserkeit gewürgt, – sie war es, die aufbauen – bauen, – hörst du, – bauen! will ... Niemand versteht das, – das sind wir, die Proletarier, – das sind wir, – das Maschinenrußland, das sind – die Fabriken, das Rußland der Fabriken ... Ganz Rußland bauen wir als Fabrik, – wir sind es, die die Wahrheit, die Gerechtigkeit, das Brot und das Wasser – mit unserer Arbeit – in den Fabriken schaffen werden ... – –»

Die Wahrheit, die Gerechtigkeit? Mit Pilnjak teilt Sergej die Furcht vor den roten Feuern, dem Qualm, der Kälte der

Fabriken und dem Ersatz von Menschenwahrheit durch Maschinenwahrheit. Eines Tages wird der Rauch und Lärm die Waldgeister vertrieben haben und die Sonne im Hochofen eingeschmolzen sein! Und eine geistige Leere, wie Jessenin sie in Westeuropa und in Amerika empfunden hat, wird der Preis für diesen Fortschritt sein – vertrieben die Frömmigkeit. Der Glockenturm der neuen Zeit ist die Fabriksirene.

Ein Walzwerk nach dem anderen wird errichtet, aber die Konsumwelt des Westens, die das Leben so erleichtert, wird dabei nicht entstehen. Panzer werden produziert, aber zu wenig Sicherheitsnadeln, Regenschirme, bunte Garne.

Joseph Roth hat genau hingesehen: Im Rußland der zwanziger Jahre ist die Zeit der Baumeister, der Ingenieure angebrochen. Sie nehmen Maß, entwerfen Pläne, schütten Dämme auf, legen Schienenstränge und montieren Brükken. Sie «mechanisieren, egalisieren, registrieren», «so wie eine Maschine registriert, normalisiert, mechanisiert» – «eine blutlose, schwarze Maschine», «deren Bedienungshebel sich im Moskauer Kreml» befindet. In Sergejs wirren Trinkerträumen heben ihn Riesenkräne in die Luft, zerschmettern seinen Leib am Boden.

Im Unterschied zu Jessenin bleibt Isadora, zurückgekehrt nach Westeuropa, von politischen Veränderungen unberührt. In Italien regiert der Führer der Faschistischen Partei, Benito Mussolini. In Deutschland ist ein Mann namens Adolf Hitler zu Festungshaft verurteilt worden, weil er mit seiner Partei in München putschen wollte. Fanatiker in den Berliner Straßen ereifern sich gegen Juden, Kapitalisten, Kommunisten, Hausbesitzer und Politiker. Isadora Duncan bereitet sich auf einen neuen Auftritt vor.

Im Oktober 1924 gibt sie zwei Soloabende im Berliner Blüthnersaal. Viele alte Freunde und auch Kritiker, Kenner des modernen Tanzes, sind enttäuscht. Ihr einst so schöner

Körper hat Biegsamkeit und seinen Reiz verloren. Das können auch die Requisiten, ihre Schleier, nicht verbergen.

Und dennoch beeindruckt sie noch Menschen. Fred Hil-
denbrand, der Kritiker des *Berliner Tageblatts*, erkannte «inmitten dieses harmlosen Gehens, Schreitens, Hüpfens, Duk-
kens und Reckens» mit einem Staunen ohnegleichen «den
leichten Rhythmus in der schweren Frau ... Da war sie wieder, Isadora Duncan, die vor zweimal zehn Jahren mit den-
selben, belächelten, barfußen Schrittchen, mit demselben
harmlosen Hüpfen das verstaubte Ballett überrannte und ein
Wegweiser war. Und diesem Wegweiser in die freiere, indi-
viduellere, schöpferische Bewegung gingen alle, alle nach,
die heute Namen sind und schöne Kapitel in der Geschichte
des modernen Tanzes. Was sind sie alle? Erben eben dieser
Frau, die man so leicht belächeln kann, die noch als Hutzel-
weiblein tanzen und den Schimmer der Tänzerin behalten
wird in der mühseligsten und rührendsten Bewegung.»

Was wäre ein Auftritt Isadoras ohne die dazugehörige An-
sprache gewesen! Wie schon die New Yorker und die Leute
in Memphis/Tennessee erfuhren auch die Berliner, daß
Moskau der wahre Hort der Freiheit und die Tänzerin sehr
glücklich sei, dort fünfhundert Kinder zu unterrichten. Zwar
hatte Isadora, wie ihre Briefe an Irma zeigen, ein schlechtes
Gewissen, die Moskauer Schule ohne gesicherte Finanzen im
Stich gelassen zu haben, aber das hinderte sie nicht, die Berliner aufzufordern, ihr dabei zu helfen, wie schon einmal, zu
Beginn ihrer Karriere, in der deutschen Hauptstadt eine
Schule einzurichten, und zwar für fünfhundert Proletarier-
kinder, weniger sollten es nicht sein.

Nach den Vorstellungen verschwand der Manager mit den
eingenommenen Geldern; Isadora war einem Betrüger auf-
gesessen. Wieder einmal saß sie ohne Geld in einem teuren
Hotel, konnte sich nicht einmal ein Taxi leisten, geschweige
denn die Fahrkarte zu einem anderen deutschen Auftrittsort
bezahlen. Der russische Paß erwies sich als ein großes Hin-

dernis, denn die Behörden verweigerten Visa für Österreich, Frankreich und die Tschechoslowakei, nachdem die Presse Frau Duncan wiederum beschuldigt hatte, bolschewistische Propaganda zu betreiben. Sie sehnte sich zurück nach Moskau und fragte an, ob man dort eine Tournee durch Sibirien arrangieren könne. Dann kam ihr der Gedanke, ihre Liebesbriefe meistbietend zu verkaufen; irgend jemand hielt sie davon ab.

Sie sei gestrandet, gesteht sie ihrer Freundin Mary im Dezember 1924; niemand helfe ihr. Bald darauf erbarmt sich ein amerikanischer Freund und spendiert einige hundert Dollar. So gelangt Isadora schließlich über Brüssel nach Paris. Dort lebt ihr Bruder Augustin. Der soll weiterhelfen.

So ungleich das Leben der getrennten Eheleute nun auch ist – beide finden immer wieder Schutz und Hilfe beim anderen Geschlecht, bei jungen Männern, Frauen, die die Künste verehren, Exaltiertheit übersehen – oder bewundern.

In ihrer größten Not nimmt ein amerikanischer Musikstudent Isadora in seiner Berliner «Bude» auf und teilt seinen bescheidenen Monatsscheck mit ihr. Später, in Paris und Nizza, erhellt ein junger Pianist ihr trübes Leben. Aber im Unterschied zu Sergej heiratete sie nicht mehr.

Ungeachtet Isadoras hatte sich Jessenin wie ein nach langer Gefangenschaft Befreiter sogleich nach seiner Rückkehr in neue Liebesabenteuer gestürzt. Doch so unbeschwert und heiter wie in der Episode mit der Moskauer Schauspielerin Augusta Miklaschewskaja verlief sein weiteres Liebesleben nicht. In den wenigen Wochen, die Sergej mit ihr unzertrennlich war, fühlte er sich ausgelassen, jung und glücklich, und in Versen sagte er Augusta Dank:

Was mich trieb, mir ists entfallen,
Zweifel, Gram, Melancholie.
Antlitz, teuerstes von allen,
holdes, ich vergeß dich nie.

Mit jenen zwei Frauen, die ihm in seinen letzten Lebensjah-
ren am nächsten standen, wurde er ungleich weniger glücklich. Beide erinnern, jede auf eine andere Weise, an die Duncan.

Galina Benislawskaja, die ihre Freunde Galja nannten,
hatte Sergej schon zu Beginn der zwanziger Jahre im Kreis
der Imaginisten kennengelernt. Marienhof berichtet, die damals Fünfundzwanzigjährige habe mit ihren dicken schwarzen Zöpfen und den Schleifen, mit ihrem braunen Kleidchen
und den grobgestrickten Strümpfen wie eine Schülerin ge-
wirkt. Sie hatte sich einige Monate vor der Oktoberrevolution, als Siebzehnjährige, den Bolschewiki angeschlossen
und arbeitete im Moskauer Büro der gefürchteten Geheimpolizei, der Tscheka, danach in einer Redaktion. Nach Sergejs Rückkehr aus dem Westen wurde sie «der nächste und
vertrauteste Mensch» für ihn, «Geliebte, Freundin und
Amme», auch das erzählt Marienhof. Als Gehilfin, Sekretärin und auch Archivarin war sie Sergej unentbehrlich und
versuchte sogar, Ordnung in seine Geldverhältnisse zu bringen. Im Herbst 1924 zog er zu ihr, und seine Familie, der
Isadora immer fremd und unheimlich geblieben war, freute
sich darüber.

Ja, so wie Galja stellten sich die Jessenins eine Schwieger-
tochter, eine Schwägerin vor: Sie liebte ihren Serjosha,
opferte sich für ihn auf, ohne je etwas für sich zu fordern.
Hatte der Geliebte Schwierigkeiten, wurde er angegriffen
oder scheute er Unannehmlichkeiten – zum Beispiel Isadora
zu telegrafieren, daß er nicht zu ihr kommen werde –, so
erledigte das Galja und ergriff, Isadora gleich, stets Partei für
ihn. Jessenin war ihr dankbar, wie er auch Isadora dankbar
gewesen war. Er schätzte Galja, er war ihr freundschaftlich
verbunden, aber er liebte Galja nicht.

Als Galja merkte, wie selbstsüchtig Serjosha war, versuchte sie, auch darin Isadora ähnlich, ihm ins Gewissen zu
reden: «Ich bringe mich um, Ihnen zu helfen, und Sie? ... Sie

pfeifen auf alles, auf alle … Darüber, daß Sie in einem Tag einreißen, was in langem Kampf aufgebaut wurde, daß man den Mut verliert, wenn Sie einen zwingen, alles wieder von vorn zu beginnen, darüber denken Sie nicht nach. Ich sage Ihnen ganz aufrichtig, so eine Hingabe wie von mir, eine uneigennützige Hingabe, finden Sie schwerlich noch einmal. Warum werfen Sie das weg? …»

Ja, warum? Das wußte Sergej auch nicht so genau. Unstet, haltlos, hastete er seinem Lebensende zu, ohne daß ihn einer aufhalten konnte.

Galja war sehr unglücklich, als er sich wiederum einer anderen Frau zuwandte. Wie auch Isadora trug diese einen großen Namen, denn sie war eine Verwandte des weltberühmten Autors von *Krieg und Frieden*, eine Enkelin Tolstois. Dieser Sofja Andrejewna Tolstaja begegnete Jessenin im Frühjahr 1925, und im September heiratete er sie, ohne von Isadora geschieden zu sein. Niemand wußte, was ihn zu dieser Heirat getrieben hatte, denn schon der Bräutigam ließ wissen, er lebe nun mit «einer Ungeliebten». Kurz vor seinem Tod schüttete der Ehemann über seine junge Frau noch einmal Hohn und Spott, nannte sie eine Armselige, die ihn «eingewickelt» habe, eine ausgemachte Törin, «dumm und habsüchtig», die durch ihn, Jessenin, habe vorankommen wollen. Bis zuletzt unterschob er eigene Schwächen und Motive denen, die darunter leiden mußten.

Nein, Jessenin nutzte Frauen nur aus. Ihre Arglosigkeit beantwortete er mit Berechnung, ihre Selbstlosigkeit mit Eigensucht, Mitleid brachte er für Tiere, aber nicht für seinesgleichen auf. «Darin liegt meine ganze Tragödie mit den Weibern», sagte er am Ende seines Lebens, «so sehr ich jemandem meine grenzenlose Liebe schwöre, so sehr ich mir das auch selbst einrede – im Grunde genommen ist das alles ein riesiger und fataler Irrtum. Es gibt etwas, das ich mehr liebe als alle Frauen, über jede Frau liebe und das ich gegen keine Zärtlichkeit und keine Liebe eintausche. Das ist die

Kunst ... Aber verstehen das die Frauen, können sie das verstehen? Sagst du es ihnen, ist das eine Tragödie ... Keiner ... begreift das ...»

Arme Isadora, arme Galja, arme Sofja! Wie andere Künstler ihre Phantasie, die schönen Gefühle, die sie in sich tragen, und ihre Träume an den Stein, die Farben und den Klang verschwenden, so verschwendete Sergej seine Liebe an Rußland, an die Steppe. Im Wettstreit mit dem Wind, der mit zärtlich leisem Sausen über die Blätter der jungfräulichen Birke streicht, schlingt er seine Arme fest um ihren Stamm, den mädchenhaften Leib, besingt ihr Laubhaar, ihre grünen Locken und entlockt ihr das Geheimnis, das sie im Holz verbirgt:

Oh, neugieriger Freund,
Nachts, als die Sterne brannten,
Hat hier ein Hirt geweint.

Der Mond warf Schatten-Pfühle,
Grün schien im Grün das Licht.
Um meine nackten Kniee
Hielt er umfangen mich.

Marienhof, von dem sich Jessenin entfremdet hatte, als er zu Galina zog, ja, mit dem er auch nichts mehr zu tun haben wollte, bewunderte, daß Sergejs Gedichte immer schöner wurden, je schlechter es ihm ging. Er schrieb sie in den Stunden, in denen er sich «wie von Licht durchflutet» fühlte und meinte, begriffen zu haben, «was Poesie wirklich ist». Nie hat er leichter und schneller gearbeitet als in seinem letzten Lebensjahr. Gewiß ahnte er, daß ihm nicht viel Zeit blieb. Der Alkohol, die vielen «Jessenin-Cocktails», halb Wodka und halb Bier, zerrütteten den Körper.

Freunde und Kollegen waren entsetzt: Innerhalb nur eines Jahres hatte sich dieser Dandy in eine müde und heruntergekommene Gestalt verwandelt, die nach säuerlichem Fusel roch und der die «Kälte der Verzweiflung» im Gesicht geschrieben stand. Aus Jessenins Reden sprach Bitterkeit. Alles, woran er glaube, gehe zugrunde und damit seine Welt. Um ihn herum nur Dummköpfe, Neider und Gesindel. Keiner, der ihm nahestehe, niemand, der ihn liebe. Ihm sei alles zuwider, er wolle nur noch sterben. Die Schwermut hat ihn wohl eingeholt. Mehrmals versuchte er sich umzubringen.

> Ich mag mich so ziellos nicht plagen,
> und mit seltsam verklärtem Gesicht
> lieb ich's, leicht im Körper zu tragen
> Totenruhe und totes Licht.

Zuletzt schien er nur noch zu vegetieren. Immer häufiger wurde er von Halluzinationen heimgesucht und von Verfolgungswahn. Wie seine Gefährten aus der Bruderschaft der trinkenden Dichter jagten ihn die weißen Mäuse, graue Riesenvögel drückten ihm die Schulter nieder, und in seinen Ohren gellte das Rachegeschrei vertriebener Waldgeister.

Wenn er nicht mehr weiterkonnte, wurde er in ein Sanatorium oder in ein Krankenhaus gebracht, zuletzt in die Moskauer Psychiatrische Klinik, wo man Gewichtsverlust, Delirium tremens und starke Selbstmordneigung diagnostizierte. Zu den wenigen, die ihn dort besuchten, gehörte Anatoli Marienhof; die Freunde hatten sich versöhnt.

Am 21. Dezember 1925 wird er aus der Klinik entlassen und sucht noch am gleichen Tag den Staatsverlag auf, wo eine dreibändige Ausgabe seiner Gedichte vorbereitet wird und er Honorare zu erwarten hat. Wieder ist Sergej volltrunken.

«Wie konnte er in der Tat hoffen, sich selbst zu finden, neu anzufangen, wenn irgendwo vielleicht in einer dieser verlorenen und zerbrochenen Flaschen, in einem dieser Gläser für immer der einzige Schlüssel zu seiner Identität lag», schreibt Malcolm Lowry über seinen trinkenden Romanhelden in *Unter dem Vulkan*. Auch Lowry ging am Alkohol zugrunde.

Wie Sergej die Tage nach seiner Entlassung aus dem Krankenhaus verbrachte, hat Fritz Mierau ausführlich beschrieben. Entgegen seiner Gewohnheit verabschiedete er sich von seinen Kindern, auch von der Mutter seines ersten Sohnes. Er fühle sich schlecht, er gehe weg, er werde sterben, sagte er ihr. (Sein jüngster Sohn, den er mit einer Imaginisten-Freundin, Nadeshda Wolpin, zeugte, war noch nicht einmal zwei Jahre alt.) Sofja Tolstaja erklärte er noch einmal, daß sie sich keine Hoffnung auf ihn machen könne. Bei seiner Schwester Alexandra und seinem Schwager, Katjas neuvermähltem Mann, holte er seine Koffer ab und schmiß wortlos die Wohnungstür ins Schloß.

Hatte er schon beschlossen, aus dem Leben zu scheiden? Dem Verlagslektor hatte er erzählt, er wolle nach Leningrad gehen. «Und dort fange ich an zu arbeiten. Verstehst du, ich will arbeiten. Und ich werde arbeiten.» Eigenartig erregt, schrie er diese Sätze fast heraus.

Am Morgen des 24. Dezember, einem Donnerstag, traf er, aus Moskau kommend, morgens mit dem Nachtzug auf dem Leningrader Bahnhof ein. Auf dem Kopf trug er eine dunkle Biberfellmütze, und in den Halsausschnitt seines Pelzes hatte er einen hübschen Seidenschal gebunden, indigoblau mit weißen Tupfen und himbeerfarben gefüttert, ein Geschenk von Isadora.

Sergej mietete sich im «Angleterre» (dem heutigen Hotel «Astoria») an der berühmten Isaakskathedrale ein, und zwar in dem gleichen Zimmer, in dem er zusammen mit Isadora abgestiegen war, als sie im Februar 1922 ein Gastspiel in Petrograd gegeben hatte.

Ebenfalls im «Angleterre» wohnte ein Sergej schon aus Moskau bekannter Journalist namens Georgi Ustinow mit seiner Frau Jelisaweta. Mit diesem Ehepaar war Jessenin in diesen Tagen viel zusammen und schwärmte davon, gemeinsam mit den Ustinows eine Wohnung in Leningrad zu mieten. Noch immer konnte er schwer ertragen, allein zu sein. Nachts saß er lange im Vestibül, bevor er in sein Zimmer ging oder die Ustinows aus dem Schlaf riß, um seine Schwermut durch Gesellschaft zu vertreiben.

Am 27. Dezember wollte er ein Gedicht schreiben, fand in seinem Zimmer aber keine Tinte. Mit einem Messer ritzte er sich den Arm auf und schrieb mit seinem Blut die Verse. Später, als der Dichter Wolf Erlich ihn besuchte, riß er die so beschriebene Seite aus dem Notizbuch, faltete sie zusammen und steckte sie dem Freund zu: «Für dich. Aber nicht gleich lesen.»

Am Morgen des nächsten Tages klopft Jelisaweta Ustinowa an Jessenins Zimmertür, um ihn zum Frühstück abzuholen. Niemand meldet sich. Nachdem Erlich eingetroffen ist, entschließt man sich, die Tür mit einem Ersatzschlüssel zu öffnen. Am Fenster hängt der tote Sergej. «Ein grüner Abend kommt, ich zieh die Jacke aus / am Ärmel mich ans Fensterkreuz zu knüpfen» – so heißt es in einem seiner zehn Jahre früher geschriebenen Verse.

Die Polizei wird unterrichtet. Man befreit den Toten aus der Schlinge seines Kofferriemens und legt ihn auf den Boden, um ihn herum Zigarettenkippen, ein umgekippter Nachttisch, ein herabgestürzter Kandelaber. Dann bettet man ihn auf die Couch. Freunde werden herbeigerufen. Einer zeichnet das leicht verkrampfte, leblose Gesicht. Fotos werden den Toten im weißen Hemd, in grauer Hose und mit schwarzen Lackschuhen zeigen. Später wird die Totenmaske abgenommen. Hat er sich gefürchtet vor dem Tod? Drückt die Qual auf seinen Zügen die Qual des Lebens oder die des Sterbens oder beides aus? Empfand er den Entschluß zu sterben als Erlösung?

Liegt irgendwo ein Abschiedsbrief, ein Testament? Nein,

nichts. Erlich entsinnt sich des mit Blut geschriebenen Notiz-
buchblatts, das Jessenin ihm am Tag zuvor gegeben hat, und
liest das Abschiedsgedicht an ihn:

Nun leb wohl, mein Freund, auf Wiedersehen.
Dich, mein Guter, schließ ich in mein Herz.
Vorbestimmtes Auseinandergehen –
es verspricht ein Treffen anderwärts.

Nun leb wohl, gräm dich nicht meinetwegen,
spar dir Händedruck und Rederei, –
sterben ist nicht neu in diesem Leben,
doch auch leben ist nicht grade neu.

Stunden später wird die Leiche über die schmale Hinter-
treppe aus dem Hotel und mit einem Pferdeschlitten in ein
Krankenhaus gebracht. Die Autopsie am nächsten Tag er-
gibt, daß der Tod des dreißigjährigen Dichters durch Erhän-
gen in den frühen Morgenstunden des 28. Dezember einge-
treten ist. Im Saal des Schriftstellerverbandes findet eine
Trauerfeier statt. Blumen werden auf den offenen Sarg ge-
legt, zu Füßen Sergejs seine Bücher. Getrennt von den anderen Trauernden steht die aus Moskau herbeigerufene Sofja
Andrejewna zusammen mit einer Leningrader Dichterin.
Kljujew blickt weinend auf den Toten: «Du, mein Sonnen-
licht», hatte er den Lebenden genannt. Ein Mädchen mit
weißem Pelzmützchen und eine alte, bäuerlich gekleidete
Frau gehen nahe an den Sarg heran. Die Alte bekreuzigt sich.
Das Mädchen küßt Jessenins Hand.

Fünfhundert Menschen folgen dem Toten, als man ihn
zum Bahnhof bringt. Am 30. Dezember trifft der an einen
Zug angehängte plombierte Güterwagen mit dem Sarg in
Moskau ein. «Serjosha! ... Täubchen! ... Mein Liebster!»
ruft die Mutter. Schriftsteller, Freunde, darunter Boris Pilnjak, Isaak Babel und Wsewolod Meyerhold tragen den Sarg,

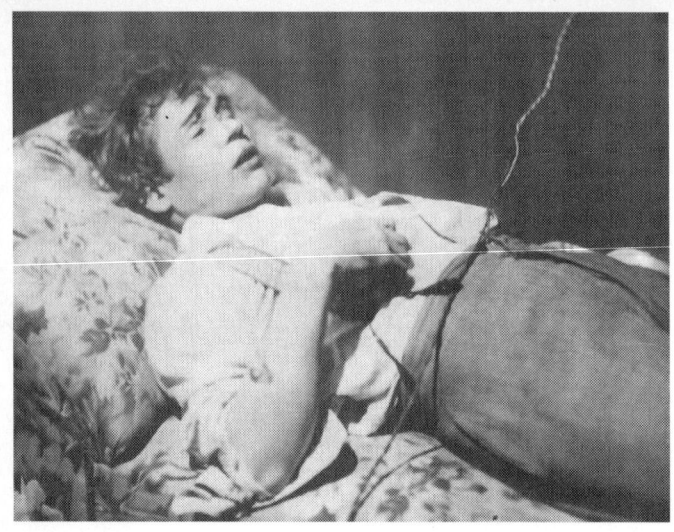

Jessenin wenige Stunden nach seinem Tod, Dezember 1925.

Jessenin im offenen Sarg im Haus des Altrussischen Schriftstellerverbandes in Leningrad. Am Kopf des Sarges Nikolai Kljujew, mit schwar-
zem Hut Sofja Tolstaja.

mehrere tausend Menschen begleiten ihn zum Haus der Presse. Dort wird er aufgebahrt. Die ganze Nacht über, bis zum frühen Morgen, nehmen Menschen Abschied von dem Dichter. Am 31. Dezember wird er auf dem Wagenkowo-Friedhof beigesetzt. Wieder, wie schon am Tag zuvor, werden seine Gedichte rezitiert. Dann gehen die Menschen nach Hause, um das neue Jahr zu feiern.

Während das künstlerische und literarische Moskau in mehreren eindrucksvollen Gedenkveranstaltungen im Januar um den letzten Dorfpoeten trauert, ruft Stalin auf dem kurz zuvor abgehaltenen XIV. Parteitag zum Klassenkampf auf dem Lande auf, zu einer großangelegten Kampagne, die in den folgenden Jahren zur Zwangskollektivierung und damit zur Vernichtung der russischen Bauernschaft führen wird.

Als Maxim Gorki von Jessenins Tod erfuhr, erinnerte er sich an die ihm einst berichtete Geschichte von einem litauischen oder masurischen Bauernjungen, der zufällig nach Krakau geraten war. Dort verlief er sich in den Straßen, irrte lange umher und fand nicht wieder auf das ihm vertraute Feld hinaus. «Als er schließlich fühlte, daß ihn die Stadt nicht wieder losließ, kniete er nieder, betete und sprang von einer Brücke in die Weichsel. . . .»

Stumm und mit starrem Blick empfing Isadora die Todesnachricht in Paris. Der Presse übergab sie einen Text, in dem sie von ihrem Schmerz und ihrer Verzweiflung sprach und alle Meldungen über Streit und Scheidung dementierte. Sie fühlte sich als Jessenins Witwe und prophezeite, daß seine Seele «ewig in den Seelen aller derer weiterleben» werde, «die die Dichter lieben». In einem Telegramm nach Moskau bat sie, den Angehörigen und Freunden Sergejs ihre Trauer und ihr Mitgefühl zu übermitteln.

Ihre wahren Gefühle drückt wohl am ehesten ein Brief aus, den sie knapp vier Wochen nach Sergejs Tod aus Nizza an Irma, ihre Adoptivtochter, in die Pretschistenka schrieb. Über Jessenins Tod verliert sie zu Beginn nur einen einzigen Satz: «Ich war von Sergejs Tod schrecklich schockiert, doch ich habe über ihn schon so viele Stunden geweint und geschluchzt, daß mir schien, er habe in mir bereits jegliche menschliche Leidensfähigkeit erschöpft.» Doch dann kommt sie auf ihr eigenes Unglück zu sprechen und auf die Versuchung, sich ins Meer zu stürzen. (Einmal tat sie das auch wirklich, doch war es nicht so ernst gemeint.) Gleichzeitig aber entwirft sie einen neuen Überlebensplan:

Irma müsse wissen, daß sie sich in Nizza mit Hilfe ihres Bruders ein wunderschönes Studio eingerichtet habe. Das Leben dort sei billig, das Klima ideal. Wie wäre es, wenn Irma recht bald zu ihr käme, um mit ihr gemeinsam, unterstützt von einigen Mädchen aus der Pretschistenka, eine Schule für gut betuchte Schülerinnen, zum Beispiel aus den USA, zu gründen? Man müsse das kombinieren: Nizza für das «money making», Moskau für das Ideal, die Kunst. Ja, das sei die Lösung des Problems!

Als Isadora diesen Brief schrieb, Ende Januar 1926, einte viele Menschen in der Sowjetunion die Trauer um Sergej. Der tote Dichter war zu einer Kultfigur geworden. Die Politiker beschlossen, daß der Staat die Kosten für die Bestattung und ein Monument auf seinem Grab übernehmen solle, den Eltern eine Rente auszusetzen, Jessenins Geburtsort Konstantinowo seinen Namen zu verleihen sowie weitere Ehrungen des Toten. Seine Gedichte erschienen in hohen Auflagen, viele junge Frauen und Männer pilgerten zu seinem Grab, als könnten sie, ratlos und bedrückt, dort Antwort auf dringende Fragen finden: Wo bleibt der Mensch inmitten all der Kollektive, in die er eingebunden ist? Wo bleibt das Zwecklos-Schöne in einer durchorganisierten Welt? In Sergejs Versen suchte eine glücklose Generation nach dem Lebenssinn. Ein Jahr nach seinem Tod, im Dezember 1926, erschoß sich Galina Benislawskaja an Jessenins Grab. Professoren berichteten, Studenten hätten – Sergej nacheifernd – sich das Leben genommen. Der Mythos, der sich um den toten Dichter rankte, drohte gefährlich zu werden. In der Presse erschienen Polemiken gegen «Niedergangs- und Verfallserscheinungen» unter der Jugend. Schon einige Monate zuvor war Jessenin, eben noch nach seinem Selbstmord auch offiziell betrauert, von einigen Funktionären als Saboteur des kommunistischen Aufbaus denunziert worden – eines Aufbaus, der den Menschen Aktivismus, Optimismus abverlange; Gefühlszergliederung und Seelenforschung, Melancholie und Lebensüberdruß sollten nicht gestattet sein. Jessenins Selbstmord wurde als schmählicher und verdammungswerter Akt eines «übergeschnappten talentierten Pechvogels» bezeichnet, und die Ehrungen für den Dichter wurden rückgängig gemacht.

Im darauffolgenden Jahr rechnete einer der beliebtesten kommunistischen Führer, Nikolai Bucharin, in der Parteizeitung *Prawda* mit dem toten Dichter ab: «Lackstiefelchen, Seidenbändchen am gestickten Hemd, ein ‹Tollkopf›, der heute vor der ‹Kaiserin› kniet, morgen die Ikone abküßt, übermorgen dem Kellner im Wirtshaus Mostrich um die Nase schmiert, um dann ‹von ganzem Herzen› zu bereuen, zu weinen, jeden Köter zu umarmen und seine Spende ins Dreieinigkeits-Sergij-Kloster zu tragen – für eine ‹Seelenmesse›. Ja, er bringt es sogar fertig und erhängt sich in seiner Seelenverwirrung auf dem Boden ...» Der Faszination Jessenins, seinem verderblichen Einfluß unter der Jugend gelte es mit aller Kraft zu wehren. «Wir brauchen eine Literatur energischer Menschen, mitten im Leben stehender kühner Erbauer, die das Leben kennen; die Fäulnis, Schimmel, Totengräberei, Kneipengeflenn, Schlamperei, Großmannssucht und Gottesnarrentum mit Verachtung strafen.» Also «Ingenieure der menschlichen Seele», wie Stalin die Schriftsteller nennen wird. Ein Jahrzehnt später wird dieser Stalin

Bucharin als «Volksfeind» und «Verräter» nach einem Schauprozeß ermorden lassen.

Nach Bucharin wandte sich auch Majakowski, wenngleich
maßvoller, gegen «den förmlichen Jessenin-Gedächtnis-
kult», «die übertriebene Schwärmerei» für diesen Dichter,
dessen Selbstmord er nachdrücklich verurteilte. Fünf Jahre
später, 1930, brachte sich auch Majakowski um.

Denn mit dem Sieg Stalins über seinen Rivalen Trotzki
und dessen Ausweisung aus der UdSSR im Jahre 1929 hatte
ein neuer Abschnitt in der Geschichte des sowjetischen Staates begonnen, gekennzeichnet durch die Vernichtung des
selbständigen Bauerntums, die Kollektivierung der Land-
wirtschaft und die Gleichschaltung des gesamten künstlerischen Lebens. In diesem Prozeß wurde sowohl das alte bäu-
erliche Rußland vernichtet, zu dessen Söhnen Sergej zählte,
als auch die russische Avantgarde des 20. Jahrhunderts, zu
der Majakowski gehörte. Der selbständige Bauer und der un-
abhängige Künstler gehörten nicht in den totalitären Staat
stalinistischer Prägung.

Zu den Opfern der Kollektivierung zählen auch die Bauerndichter. Kljujew wird als «antisowjetischer Repräsentant
der Kulakenliteratur» verhaftet und verbannt; 1938 stirbt er
im Gefängnis. Jessenins Dichtung, so die neue Direktive,
müsse in «beträchtlichem Grade» der «Kulakenliteratur» zu-
gerechnet werden.

Im Gefolge der künstlerischen Gleichschaltung verliert
der gemäßigte Lunatscharski 1929 sein Amt als Volkskommissar für das Bildungswesen. Die Erneuerer der russischen
Kunst des 20. Jahrhunderts gelten nun als «sozial deklassierte
und dekadente Sprößlinge einer in völliger Auflösung begrif-
fenen spätbürgerlichen Kultur». Die Moderne wird liqui-
diert, darunter Sergejs engste Weggefährten. An die Stelle
der vielfältigen, auch avantgardistischen und modernen Literatur tritt der kanonisierte Sozialistische Realismus.

Während der Großen Säuberungen der dreißiger Jahre

wird Boris Pilnjak als «Spion und Vaterlandsverräter» zum Tode verurteilt und erschossen. Das gleiche Schicksal erleidet Wsewolod Meyerhold, hingerichtet als Führer einer «trotzkistischen Gruppe», die «alle antisowjetischen Elemente auf dem Gebiet der Kunst» vereinigt habe. Seine Frau, die Schauspielerin Sinaida Raich, wird in ihrer Wohnung ermordet. Ihre gemeinsamen Kinder mit Sergej sind verwaist. Isaak Babel stirbt im Lager. Schon der Besitz eines Gedichtbandes von Jessenin gilt als Verhaftungsgrund. Sergej hatte sich rechtzeitig verabschiedet, er entging Schrecklichem.

Wieweit Isadora an dem kurzen Nachruhm und der bald einsetzenden Verdammung Sergejs Anteil nahm und ob sie sich dazu geäußert hat, ist nicht bekannt. In ihren veröffentlichten Briefen wird das Thema nicht berührt. Die Tänzerin war hinreichend mit eigenen Sorgen beschäftigt.

Isadora litt darunter, nicht genügend Geld zu haben, den Tanz, ihren Beruf, nicht aufgeben zu können, doch nicht mehr jung genug dafür zu sein, und sie verstand es nicht, besonders nicht im Blick auf junge Männer, sich mit dem Älterwerden abzufinden.

«Ihr Schmuck, der berühmte Smaragd, der Hermelinmantel, die Kunstwerke, die die Künstler ihr geschenkt hatten, waren längst in die Pfandleihen gewandert oder von Hoteldirektoren beschlagnahmt worden», schrieb John Dos Passos. «Sie besaß nur noch die alten blauen Draperien, die ihre großen Triumphe miterlebt hatten, eine rote Ledertasche und einen alten, am Rücken geplatzten Pelzmantel. Sowie sie ein wenig Bargeld in die Finger bekam, lud sie Gäste ein oder verschenkte es.»

Ständig in Geldnot, wechselte sie während ihres Aufenthalts in Paris von einem Quartier ins nächste und schickte Hilferufe an nah und fern: «Lieber Freund, können Sie mir telegrafisch zweihundert Dollar überweisen?» – «Mary, kannst Du mir bis zum Herbst jede Woche fünfzig Dollar leihen? Du bekommst sie auch bestimmt zurück.» Dann wieder wird durch Mittelsleute Paris Singer, ihr früherer Liebhaber, angegangen. Also, der ist doch reich genug, der könnte sie doch aus der vorübergehenden Verlegenheit befreien!

Ihr Haus in Paris ist wegen hoher Steuerschulden versteigert worden. Oft besitzt sie nur noch ein paar Francs. Aber ihre Philosophie gibt sie nicht auf: Eine wahre Künstlerin sollte sich nicht mit Geldsorgen den Kopf zermartern. Irgendwie wird es schon weitergehen. Auch ihren Lebensstil mag sie nicht ändern. Sie besteht darauf, in guten Hotels zu wohnen und in den besten Restaurants zu speisen. Die Leute sollen sich doch freuen, von einem so berühmten Gast beehrt zu werden! Dafür hätten eigentlich die zu zahlen und nicht sie!

Als Isadora eines Nachts in Nizza mit ihrem Liebhaber in ihre Pension zurückkommt, verwehrt ihnen der Wirt den Eintritt, weil sie Logis und Kostgeld schuldig sind. Ihre Sachen behält er als Pfand zurück. Kurzentschlossen quartiert sich Isadora mit dem jungen Mann im teuersten Hotel, im vornehmen «Negresco», ein. «Es ist nutzlos», erklärt sie, «wenn die Leute versuchen, mir das Sparen beizubringen: Du kannst ja auch einem Elefanten nicht das Radfahren beibringen.»

Es dauerte nicht lange, und im «Negresco» stand ein Betrag von neuntausend Francs offen. Kaltblütig verpfändete Isadora dem Hotel jenen Renault, den ein amerikanischer Freund in der Garage auf ihren Namen eingestellt hatte, und flüchtete nach Paris.

Fast drei Millionen Reichsmark verdiente Isadora Duncan in ihrer Laufbahn. Am Ende blieb ein Schuldenberg zurück.

Doch unermüdlich schmiedete sie Pläne, sich aus der Misere zu befreien. Obwohl sie die führenden Genossen der KP Frankreichs mit Cocktails und Kaviarbrötchen bearbeitete, lehnten diese ihren grandiosen Vorschlag ab, eintausend Genossenkinder tänzerisch zu bilden. Schließlich blieb ihr nur

noch, Memoiren zu verfassen und dafür einen saftigen Vor-
schuß zu verlangen. Es fand sich auch ein amerikanischer
Verleger, der bereit war, zweitausend Dollar auf den Tisch zu
legen, aber Bedingungen stellte: Bitte keine missionarischen
Tiraden, sondern Love-Stories, packende Liebesabenteuer,
Bettgeschichten mit vielen Überraschungen, Verwicklungen,
unerwarteten Wendungen und den dazugehörigen ungezähl-
ten aufregenden Männern.

An Stoff mangelte es Isadora nicht, und halb freiwillig,
halb gezwungen hinterließ sie der Nachwelt ein ausführ-
liches Liebesprotokoll. Aber es war ungleich spannender
gewesen, die Geschichten zu erleben, als darüber zu berichten. Das langweilte sie ziemlich.

Sicherlich hatte sich der neue Geldgeber auch ausbedun-
gen, das zu erwartende Geschäft nicht durch Lobeshymnen
auf den Kommunismus zu verderben und Angriffe auf Amerika zu unterlassen. Vielleicht erklärt es sich auch so, daß
Isadora Duncans Memoiren eine nachdrückliche und über-
raschende Liebeserklärung an Amerika enthalten:

«Freilich liebe ich Amerika über alles, denn ich selbst,
meine Schule, meine Kinder, meine Kunst, wir alle sind die
geistigen Nachkommen Walt Whitmans, und mein Tanz –
der immer als ‹griechisch› bezeichnet wird – ist amerikanischem Boden entsprungen: Es ist der amerikanische Tanz
der Zukunft! Woher habe ich denn alle meine Bewegungen,
meine edlen Gebärden genommen, woher stammen sie? Sie
sind Produkte der großartigen Naturschönheiten Amerikas,
sie entspringen der Sierra Nevada, den blauen Gewässern des
Pazifischen Ozeans, der kalifornischen Küste, den wilden
Gebirgsformationen der Rocky Mountains, den schaurigen
Schluchten des Yosemite-Tales im Yellowstone-Park, dem
Getöse des Niagarafalls.»

In Nizza lud die Tänzerin abends junge Künstler in ihr Studio, die den Sommer an der Côte d'Azur verbrachten, darunter Schauspieler und Filmemacher, Pablo Picasso, den

Maler, und Jean Cocteau, den Dichter. Cocteau las eigene Texte, und Isadora tanzte; ein anderes Publikum gab es kaum noch. Wenn sie, bekleidet mit einer langen weißen Toga, barfuß und das Haar gelöst, mit langen Schritten und getragenen Bewegungen im Bühnenrund aufgestellte Kerzen anzündete, auf diese Weise andeutend ihre Tanzkunst zelebrierte, so beeindruckte das die jungen Leute, zumal sie wußten, was ihr Name einst bedeutet hatte. Doch zuweilen erschien die fast Fünfzigjährige, mit zwanzig Kilo Übergewicht belastet, in einem schlecht sitzenden rosafarbenen Kostüm, und irgend jemand mußte eine Mazurka von Chopin auflegen. Dann hörten die Gäste ihren geräuschvollen Atem, das angestrengte Stöhnen, sahen ihre schwerfälligen Beine mit den fülligen Schenkeln und den massigen Waden, mit dem schwitzenden, pausbäckigen Gesicht und empfanden Mitleid mit der Tänzerin. Sie liebten ihre großzügige, leichtlebige und warmherzige Freundin, die trotz aller Widrigkeiten soviel Lebensmut besaß, und waren traurig, wenn sie sich der Lächerlichkeit preisgab. Die Freunde verstanden auch, wie schwer es für Isadora war, immer noch Lust und Leidenschaft in den Armen junger Männer zu verspüren, aber nicht mehr begehrenswert zu sein, zu alt für Liebhaber mit starken Muskeln und breiten Schultern. Eines Tages meldete sich auch der letzte dieser männlichen Begleiter, Viktor Seroff, ab, ein russischer Pianist, den Isadora in Paris getroffen hatte und der ihr auch nach Nizza folgte. Für sie war er «der süßeste Junge auf der Welt» gewesen, außerdem noch ein Genie. Manchmal, beim Sprechen, erinnerte sie seine Stimme an ihren unvergeßlichen Sergej, und wie diesen hat sie auch Seroff ausgehalten.

Nun, da ihr «Mitri», wie sie Seroff nannte, nicht mehr bei ihr war, zog sie immer öfter abends mit den Freunden durch die Bistros an der Küste, schnappte sich gegen Morgen angeheitert irgendeinen hübschen Jungen und schleppte ihn nach Hause, in ihr Bett. Manchem, der es nötig zu haben schien, steckte sie, bevor sie ihn entließ, als Dank noch einen Geld-schein zu, und wenn es auch der letzte war.

Es war diese Leidenschaft für junge Männer, die Isadora um ihr Leben brachte. Der Todesengel hatte die Gestalt eines gutaussehenden, sehr männlichen Italieners namens Falchetto angenommen, der in einer Garage und als Vertre-ter der Automarke Bugatti tätig war. Isadora war sowohl von dem gutgebauten Mann als auch von dem schnittigen italienischen Wagen entzückt. Also gab sie sich den An-schein, am Kauf eines solchen Autos interessiert zu sein, und verabredete für den 14. September 1927 eine Probefahrt. Um neun Uhr abends stehen die beiden «Bugattis» – auch dem Fahrer hatte sie den Autonamen «verliehen» – pünkt-lich vor dem Haus. Isadora wirft sich den langen roten Schal um und eilt hinaus, begleitet von der treuen Mary. Die Freundin rät, sich wärmer anzukleiden; «Bugatti» bietet sei-nen Ledermantel an – nein, nein, der Schal genügt.

Isadora freut sich wie ein Kind auf diese Fahrt. Im Unter-schied zu Sergej weiß sie nichts von ihrem nahen Ende, hofft vielmehr auf neues Liebesglück. Die Tänzerin sitzt schon im offenen Wagen, da bittet Mary noch, Monsieur Falchetti möge vorsichtig fahren und nicht zu schnell. Der beruhigt: Noch nie sei ihm ein Unfall zugestoßen. Die Wagentür schlägt zu. Noch einmal schlingt Isadora mit einer nochalan-ten Bewegung den Schal fest um den Hals. Fällt jetzt erst – oder fiel schon früher – ihr berühmtes Abschiedswort, jener Satz, der immer wieder den Verdacht auslöst, ein Freund habe ihn sich nachträglich ausgedacht? «Adieu, mes amies», soll sie gerufen haben, «je vais à la gloire!»

Und nun wirft «Bugatti» den Motor an, legt den Gang ein und fährt kräftig an. Schon nach wenigen Metern verfängt sich der aus dem offenen Fahrzeug hängende lange Schal in den Speichen eines Hinterrads; der Wagen kommt zum Ste-hen. Mit gebrochenem Genick liegt Isadora neben ihrem To-desengel. Ein melodramatischer, ja ein «Bühnentod». Der

Isadoras Beerdigung in Paris, angeführt von ihrem Bruder Raymond
Duncan (mit Umhang).

Schal, das Requisit ihres Tanzes, ihres Lebens, ist zum Werkzeug des Todes geworden.

Isadoras Leiche wird in ihrem Studio aufgebahrt, die Freunde nehmen Abschied. Aus seiner nahegelegenen Villa kommt Paris Singer, dessen tiefe Liebe Isadora nie erwidert hatte. Jetzt steht er Mary bei, kümmert sich um alles Nötige, übernimmt die Kosten für die Überführung des Sarges nach Paris.

Die tote Isadora kehrt in jene Stadt zurück, in der ihre Kinder geboren worden waren und ihr Weltruhm einst begonnen hatte. Paris war ihre europäische Heimatstadt geworden.

Vom Studio ihres Bruders wird der Sarg, bedeckt mit einer amerikanischen Fahne, am 19. September 1927 zum Friedhof Père-Lachaise gebracht. Auf einem breiten roten Band an einem Strauß roter Gladiolen steht in goldenen Lettern: «Rußlands Herz trauert um Isadora» – Mary soll es veranlaßt und das Gesteck beglichen haben. Sie und die Geschwister Duncan, viele Künstlerfreunde, auch Seroff, folgen dem Trauerzug; am Friedhof warten mehrere tausend Menschen. Klassische Musik erklingt in der Kapelle; ein befreundeter Dichter hält die Totenrede. Isadoras Asche wird an der Seite der Mutter und ihrer beiden Kinder bestattet.

Den Bugatti, in dem die Tänzerin starb, erwirbt ein Sammler für 65 000 Francs. Ein reicher Ananas-Pflanzer aus Honolulu kauft für seine Tochter, ebenfalls für sehr viel Geld, den roten Todes-Schal.

«Je vais à la gloire»

Die stalinschen Zensoren meinten, Sergejs Namen ausge-
löscht zu haben. Aber sie irrten. Während des Zweiten Welt-
kriegs liehen Soldaten, die von der Schulbank aus direkt an
die Front geschickt worden waren, gegenseitig alte vergilbte
Ausgaben Jesseninscher Gedichte aus und gestanden einander: «Ich liebe diesen Dichter.»

Als dann der Krieg zu Ende war, wurde der Bann gegen
Jessenin zunächst gelockert und dann, nach Stalins Tod im
Jahre 1953, ganz aufgehoben. Hundert Jahre nach seiner Ge-
burt und siebzig Jahre nach seinem Tod, am Ende des 20.
Jahrhunderts, ist Jessenin in seiner Heimat noch immer eine
Kultfigur. In den Stunden der Schwermut greifen die Men-
schen nach seinen Gedichten, wissend, daß er ihre ziellose
Sehnsucht kennt und ihren namenlosen Schmerz – Serjosha,
ein Bruder und ein Freund.

Und wo immer Russen in der Fremde leben, die die Dichter lieben und von Jessenin sprechen, hebt einer, sei es an
Lew Kopelews Küchentisch oder in Jenia Raiskaijas kleiner
Stube, seine Hand, gebietet Schweigen. Dann rezitiert er,
seit Jugendtagen im Gedächtnis, ein Gedicht Sergejs, und
alle, die ihm zuhören, empfinden so wie Alexander Solsche-
nizyn: Eines Tages kommt dieser nach Konstantinowo, sieht
die winzigen Räume in der Hütte der Jessenins, den verwit-
terten kleinen Schuppen und das enge Dampfbad im früheren Gemüsegarten, geht aus dem Dorf hinaus zum Fluß: «Ich
trete auf den Hang an der Oka, blicke in die Weite und
staune: kann man denn von diesem dunklen, fernen Streifen
dürftigen Waldes so rätselvoll sagen: ‹Im Forst hört man den

Klang der schluchzenden Auerhähne ...›, und von der in ruhigen Windungen durch die Wiese fließenden Oka: ‹Sonnengarben im tiefen Wasser›?

Welch eine geballte Begabung warf der Schöpfer hierher, in diese Hütte, in dieses Herz eines rauflustigen Bauernburschen, damit er voll Ergriffenheit so reichen Stoff an Schönheit fand – am Ofen, auf der Tenne, hinter dem Dorf ...»

Nicht als Paar lebten Sergej und Isadora fort, sondern, wie zuletzt im Leben und im Tod, getrennt, jeder mit einer eigenen Gemeinde. In den Darstellungen der russischen Literatur wird Sergejs Werk gewürdigt, in jeder Geschichte des Tanzes steht in großen Lettern Isadoras Name.

Jenes erlesene Publikum, das sich im Londoner Royal Opera House Covent Garden versammelte, um die Premiere des Balletts *Isadora* zu erleben, und jene chinesischen Liebhaber des Tanzes, die in der Pekingoper den Schülerinnen der die ganze Welt bereisenden Moskauer Duncan-Schule Beifall klatschten, wußten sicherlich gar nichts oder doch sehr wenig über den berühmten Ehemann.

Isadora lebt fort in wechselnder Gestalt. Der alten Dame in Badenweiler steht immer noch jener Sommertag vor Augen, an dem sie an der Hand der Mutter, einen großen Park durchquerend, in jenes prächtige Haus eintrat, in dem Miss Duncan unterrichtete. Die kleine Modeste zur Nedden hob ihr Röckchen, tänzelte ein wenig, trillerte die Tonleiter und wurde für begabt befunden, in Miss Duncans Schule einzutreten. Doch der Mutter war das Schulgeld zu hoch. Der Tochter blieb lebenslang im Gedächtnis, wie Isadora da vor ihr stand im blauen langen Kleid und einem Silberreif im Haar. Mit den feinen Zügen und den harmonischen Bewegungen kam sie Modeste wie eine Göttin vor, wie die vom Olymp gestiegene Aphrodite.

Ganz anders erinnert sich Wibke Bruhns an die berühmte Tänzerin. In der Stunde zwischen Tag und Nacht, wenn das Dämmerlicht ins Fenster bricht, nahm der Großvater Wibke

auf den Schoß und knüpfte aus einem weißen Taschentuch
ein Figürchen mit Kopf und Rumpf und Gliedern. Und dann
ließ Großvater das Püppchen tanzen und sang dazu den immer gleichen Vers:

> Isadora Duncan huh
> tanzt ohne Strümpf und ohne Schuh
> Isadora ach herrjeh
> schmeißt die Beine in die Höh!

Und wie das Püppchen seine Beine schmiß! Noch einmal,
Großvater, noch einmal! Wibke jauchzte, und vom Olymp
sah Isadora, nun in Gestalt der Terpsichore, zu, freute sich
und lachte.

Isadoras Schönheit und ihres Tanzes erinnern sich die
Menschen – und ihrer Liebeskraft. Vierzig Jahre nach ihrem
Tod ließ sich der greise Gordon Craig allnächtlich mit einem
Taxi von seinem Wohnort Vence nach Nizza fahren, um auf
der Promenade des Anglais, an jener Stelle, an der sie einst
ums Leben kam, Isadora, seiner zärtlichen Geliebten, nah zu
sein.

Literaturhinweise

1993 schenkte mir eine Freundin zwei gerade erst in deutscher Übersetzung erschienene Bücher des russischen Autors Anatoli Marienhof: *Roman ohne Lüge* und *Roman mit Freunden*. Ich war fasziniert; von der anschaulichen autobiographisch bestimmten Schilderung des literarischen Lebens in Moskau in den Jahren nach der Oktoberrevolution und besonders von all jenen Szenen, in denen Marienhof seine Freundschaft mit Jessenin und dessen Liebesgeschichte mit der amerikanischen Tänzerin beschreibt. Dann las ich die hervorragende, 1991 im Leipziger Reclam Verlag veröffentlichte Jessenin-Biographie Fritz Mieraus und anschließend den vom gleichen Autor herausgegebenen Band *Russen in Berlin 1918–1933*.

Danach entschloß ich mich, vor allem gestützt auf Mieraus Arbeiten, dieses Buch zu schreiben. Die zitierten Verse aus den Gedichten Jessenins sind der 1995 im Berliner Verlag Volk und Welt von Leonhard Kossuth herausgegebenen und kommentierten dreibändigen Werkausgabe Jessenins entnommen*. Durch diese Bände gewinnt der deutsche Leser zum erstenmal eine umfassende Vorstellung von der Bedeutung dieses großen russischen Lyrikers.

Isadora Duncans Memoiren, erst nach ihrem Tod, und zwar 1928, auf deutsch erschienen (1988 dann als Ullstein-Taschenbuch), umfassen leider nicht mehr jene Zeit, da sie in Rußland lebte und mit Jessenin reiste. Man ist angewiesen auf verschiedene Darstellungen aus den USA, u. a. von Irma Duncan und Ilja Schneider, insbesondere auf Gordon McVay, *Isadora and Esenin*, Ann Arbor 1980.

Natürlich findet der Interessierte in allen Darstellungen zur Geschichte des Tanzes Würdigungen Isadora Duncans. Ausführlicher informieren Max Niehaus: *Isadora Duncan – Leben. Werk. Wirkung*, Wilhelmshaven 1981, und Maurice Lever: *Primavera. Tanz und Leben der Isadora Duncan*, München–Hamburg 1988.

Die Übersetzung einiger Textstellen aus dem Russischen besorgte Marianne Wiebe, die aus dem Amerikanischen Gertrude Goldenberg.

Auch dieses Mal haben mir meine Freundinnen Dr. Jutta Bohnke-Kollwitz und Anke Westphal wieder geholfen, das Manuskript zu bearbeiten. Außerdem möchte ich Ute Biedermann von der Kölner Stadtbücherei für ihre vielfältige Anteilnahme an meiner Arbeit danken. Und schließlich muß einmal gesagt werden: Jene vier Bücher, die ich zwischen 1986 und 1996 geschrieben habe, verdanken ihr Erscheinen nicht zuletzt der großen Hilfsbereitschaft meiner Kolleginnen und Kollegen in der Bibliothek des Westdeutschen Rundfunks.

* Die Jessenin-Verse in diesem Buch sind Nachdichtungen von Friedrich Bolger (S. 135), Annemarie Bostroem (S. 58), Paul Celan (S. 34, aus: Paul Celan, Übertragungen aus dem Russischen. Alexander Blok, Ossip Mandelstam, Frankfurt a. M. [S. Fischer Verlag 1986]), Walter Fischer (S. 38, 142), Rainer Kirsch (S. 7, 92, 112, 139), Richard Pietraß (S. 44), Eugen Ruge (S. 48, 154). Der Abdruck dieser Nachdichtungen erfolgt mit freundlicher Genehmigung von: Frau Pauline Bolger, dem S. Fischer Verlag, Frankfurt, dem Verlag Volk und Welt Berlin und dem Reclam Verlag Leipzig.

Bildnachweise

Landesbildstelle Berlin: S. 87, 125

Millicent Dillon: After Egypt. Isadora Duncan & Mary Cassatt. New York 1990: S. 19

Dorée Duncan, Carol Pratl, Cynthia Splatt (Hg.): Life Into Art. Isadora Duncan and Her World. New York/London 1993: S. 17, 27, 43, 47, 55, 63, 66, 81, 165

Gordon McVay: Esenin. A Life. Ann Arbor 1976: S. 33, 69, 89, 103, 115, 154, 155

Brian Moynahan: Das Jahrhundert Rußlands 1894–1994. München 1994: S. 22, 23, 117

Hugo Portisch: Hört die Signale. Aufstieg und Fall des Sowjetkommunismus. Wien 1991: S. 11, 41, 85

Isadora Speaks: Isadora Duncan. San Francisco 1981: S. 75

Paare

Himmlische Liebe, höllischer Hass. Lebensläufe berühmter Paare bei rororo:

Dagmar von Gersdorff
**Königin Luise
und Friedrich Wilhelm III.**
(rororo 22532)

Carola Stern
**Isadora Duncan
und Sergej Jessenin**
(rororo 22531)

Alan Poesener
John F. und Jacqueline Kennedy
(rororo 22538)
Jack und Jackie – das ungekrönte Königspaar im Weißen Haus, die perfekte Verbindung von Macht und Glamour. Kaum eine Präsidentschaft war so brillant in Szene gesetzt – und kaum eine Präsidentenehe. Für die Öffentlichkeit spielten sie die liebenden Gatten und fürsorglichen Eltern. Privat blieben sie einander fremd. Krisen und Affären hatten die Ehe längst ruiniert.

Joachim Köhler
**Friedrich Nietzsche
und Cosima Wagner**
(rororo 22534)

Christa Maerker
**Marilyn Monroe
und Arthur Miller**
(rororo 22533)
Mit der Hochzeit ging für beide ein Traum in Erfüllung. Viereinhalb Jahre später ist er ausgeträumt. Was ist Wahrheit und was Legende in diesem Drama?

Kyra Stromberg
Zelda und F. Scott Fitzgerald
(rororo 22539)

Christa Maerker

Marilyn Monroe
Arthur Miller

Helma Sanders-Brahms
**Else Lasker-Schüler
und Gottfried Benn**
(rororo 22535)

James Woodall
John Lennon und Yoko Ono
(rororo 22536)
«Ich mußte mich entscheiden, mit den Beatles oder mit Yoko Ono verheiratet zu sein.» *John Lennon*

Friedrich Rothe
**Arthur Schnitzler
und Adele Sandrock**
(rororo 22537)

Matthias Wegner
Klabund und Carola Neher
(rororo 22540)

Ein Gesamtverzeichnis aller lieferbaren Titel der *Rowohlt Verlage, Wunderlich* und *Wunderlich Taschenbuch* finden Sie in der *Rowohlt Revue.* Vierteljährlich neu. Kostenlos in Ihrer Buchhandlung.
Rowohlt im Internet:
www.rowohlt.de

rororo

3647/2

Heinrich Maria Ledig-Rowohlt hatte eine Schwäche für Bücher, «die sich ohne Mühe so weglesen». So fanden sich in seinem Verlag neben den zahlreichen literarischen Entdeckungen auch Perlen der vergnüglichen und entspannten, aber auch der gefühlvollen Lektüre. Kein Wunder, daß die Leser seinem Spürsinn vertrauten und so manchem dieser Werke zu Bestseller-Ehren verhalfen. Ausgewählte Taschenbücher zum Jubiläum:

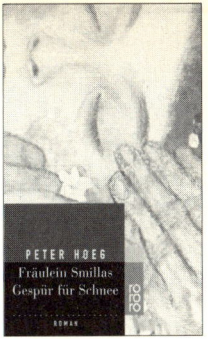

Paul Auster
Die New York-Trilogie *Roman*
(rororo 22501)

T. Coraghessan Boyle
Wassermusik *Roman*
(rororo 22505)

Simone de Beauvoir
Memoiren einer Tochter aus gutem Hause
(rororo 22507)

Wolfgang Borchert
Das Gesamtwerk
(rororo 22509)

Rita Mae Brown
Jacke wie Hose *Roman*
(rororo 22513)

Hans Fallada
Kleiner Mann – was nun?
Roman
(rororo 22510)

Peter Høeg
Fräulein Smillas Gespür für Schnee *Roman*
(rororo 22502)

Elke Heidenreich
Kolonien der Liebe
Erzählungen
(rororo 22514)

John Irving
Garp und wie er die Welt sah
Roman
(rororo 22504)

Klaus Mann
Mephisto *Roman*
(rororo 22512)

Harry Mulisch
Die Entdeckung des Himmels
Roman
(rororo 22503)

Robert Musil
Die Verwirrung des Zöglings Törleß
(rororo 22511)

Rosamunde Pilcher
September *Roman*
(rororo 22515)

Jean-Paul Sartre
Der Ekel *Roman*
(rororo 22508)

Carola Stern
Der Text meines Herzens *Das Leben der Rahel Varnhagen*
(rororo 22506)